Rolf Krenzer

ielen durch das Jahr

Rolf Krenzer

Wir spielen durch das Jahr

Kleine Theaterstücke
für Kindergarten und
Grundschule

Lahn-Verlag Limburg

Die Deutsche Bibliothek – CIP-Einheitsaufnahme

Ein Titeldatensatz für diese Publikation ist bei
Der Deutschen Bibliothek erhältlich.

Gedruckt auf chlorfrei gebleichtem,
umweltfreundlichem Papier.

verlags
gruppe
engagement

Lektorat: Ursula Mock
Zeichnungen: Dagmar Domina
Litho: Limburger Offsetdruck
Satz: Schröder Media, Dernbach
Notensatz: Nikolaus Veeser, Schallstadt
Druck und Bindung: Koninklijke Wöhrmann, Zutphen
Printed in The Netherlands

ISBN 3-7840-3195-1

Inhalt

* = sehr einfach, Kindergarten
** = älteste Gruppe i. Kindergarten, Grundschule
*** = etwa 3./4. Schuljahr

Ostern

Pfingsten

Sommerfest – Kindermissionstag

Erntedankfest

Sankt Martin

Nikolaustag

Advent und Weihnachten

Vorwort

Alle besonderen Zeiten und Feste im Kirchenjahr stellen zugleich willkommene Anlässe zum Singen und Spielen in der Gruppe, in der Gemeinde, im Familien- und Kindergottesdienst und auch in der Familie dar.
Die vorliegende Sammlung bietet kleine und größere Theaterspiele für Kinder zu diesen Festen an, die von der einfachen Gestaltung elementarer Spiellieder bis zum größeren szenischen Spiel reichen. Eine Orientierungshilfe für die Schwierigkeitsgrade der Spielgeschichten bietet die Kennzeichnung * bis *** bei den Titeln im Inhaltsverzeichnis.
Ein Feiertag kann zu einem wirklichen Fest werden, wenn das Ereignis im lebendigen Spiel von allen Kindern einer Gruppe gestaltet und erlebt wird.
Viele Kirchenfeste sind eng mit Geschichten aus dem Neuen Testament verbunden. So wird am Heiligen Abend bzw. zu Weihnachten meistens ein Krippenspiel nach Lukas 2 oder – wenn wir die Sterndeuter einbeziehen – nach Matthäus 2 aufgeführt werden. Auch die Leidens- und Auferstehungsgeschichte Jesu kann durch spielerische Akzente bereits Kindern zugänglich gemacht werden. Schwierig ist es dagegen, die biblischen Inhalte zum Pfingstfest durch ein Spiel zu vermitteln. Hier finden sich in der gesamten Spielliteratur kaum überzeugende Beispiele. Die Spiele zu Sankt Martin und zum Nikolaustag wurden eng an den überlieferten Legenden ausgearbeitet. Der Dank für Gottes Schöpfung, für die geernteten Gottesgaben schließt immer auch das Teilen mit anderen ein.
Geschichten also, die Inhalte aus der Bibel und der Überlieferung aufgreifen und sich besonders eignen, mit Kindern in ein Spiel umgesetzt zu werden. Das Nachspielen beinhaltet so viel kreatives Handeln, dass unvergessliche Erlebnisse geschaffen werden können. So wird das Spiel für die Kinder bereits zu einem Fest, weil sie sich mit allen ihnen eigenen Kräften einbringen können und erleben dürfen, wie schön es ist, gemeinsam mit anderen ein Spiel zu wagen und sogar anderen vorzuspielen.
Wie bei den kleinen Theaterstücken und Liedern in »Wir spielen unsere Welt« (ISBN 3-7840-3172-2) und »Wir spielen unseren Glauben« (ISBN 3-7840-3185-4) ist auch hier das gemeinsame Spielen

und Singen vieler Kinder wesentliches Anliegen, also das, was eine Gruppe zu einer echten Gemeinschaft macht.
Besondere Beachtung verdient das große Spiel zum Sommerfest oder zum Kindermissionstag: Wir reisen um die Welt. Eine Liederreise mit den schönsten Liedern von Rolf Krenzer und Peter Janssens. Sie konnte nur einmal von den beiden Autoren zusammen mit vielen Kindern einer Musikschule mit großem Erfolg aufgeführt werden. Durch den plötzlichen Tod von Peter Janssens blieb das Spiel der Liederreise um die Welt unveröffentlicht und wird hier erstmals abgedruckt.
Ein Spiel mit vielen Gestaltungsmöglichkeiten, das auch mit einer Auswahl der Lieder aufgeführt werden kann, aber immer – ob in einer Auswahl oder vollständig – nicht nur junge Spieler begeistert, sondern den Funken rasch überspringen lässt, so dass sich das gesamte Publikum spontan daran beteiligen kann.
Eine Sammlung kleiner Theaterstücke und Lieder speziell für die Advents- und Weihnachtszeit bietet das Buch »Wer geht mit nach Betlehem? (ISBN 3-7840-3096-3) und das Liederbuch »Die Weihnachtsmusikanten« (ISBN 3-7840-3097-1) mit 100 Advents- und Weihnachtsliedern, die sich auch zu kleinen Spielen gestalten lassen.
Begeisterte Aufnahme fanden die beiden großen Weihnachtsspiele »Was macht die Maus im Krippenstroh?« (ISBN 3-7840-3137-4) und »Geht ein Leuchten durch die Zeit« (ISBN 3-7840-3119-6), zu denen Martin Göth die Musik geschrieben hat. Beide sind im Lahn-Verlag auch auf MC und CD erschienen.

Ostern

Das Spiel vom Tod und vom Leben

Ein Osterspiel mit Kerzen und Liedern

Zu dem folgenden Lied kommen alle, die mitspielen, mit einem brennenden Licht (Kerze, Leuchtlicht im Wasser, aufgemalte oder mit Buntpapier geklebte Kerze oder ähnliches) herein und stellen sich im Halbkreis auf. Alle haben den Kopf geneigt.
Links die Frauen, rechts die Freunde, in der Mitte Maria und Johannes, ganz rechts die Erzieherin. Die Erzieherin trägt keine Kerze, doch sie hat Streichhölzer dabei.
Im Hintergrund auf einem Tisch (Altar) steht die Osterkerze. Sie brennt nicht.

Alle singen: (gegebenenfalls mit der Gemeinde)
Lied 1: »Es geht ein Weinen um die Welt«, Strophen 1 bis 3 (s. S. 15).

Maria tritt mit ihrer Kerze vor.

Maria: Ich bin Maria.
Im Stall von Betlehem habe ich Jesus zur Welt gebracht.
Er war ein besonderes Kind. Gott hatte große Dinge mit ihm vor.
Schon als Junge las er gern in den heiligen Büchern.
Und als er erwachsen war, zog er davon, um den Leuten von Gott zu erzählen.
Er tat es, weil Gott es so wollte.
Heute habe ich Jesus verloren.
Heute habe ich meinen Sohn verloren.

Sie bläst die Kerze aus und geht mit gesenktem Kopf an ihren Platz zurück.

Alle singen:
Lied 2, Strophe 1: »Maria hat ihren Sohn verloren« (s. S. 16).

Johannes kommt mit seiner brennenden Kerze nach vorn.

Johannes: Ich fischte zusammen mit meinen Brüdern.
Da kam Jesus zu uns.
Er fragte: Wollt ihr mit mir kommen?

Ich will den Menschen von Gott erzählen.
Wir sind mitgegangen.
Ich habe ihn so lieb gehabt.
Immer wollte ich ganz nah bei ihm sein.
Heute habe ich Jesus verloren.
Heute habe ich meinen Freund verloren.

Er bläst die Kerze aus und geht mit gesenktem Kopf an seinen Platz zurück.

Alle singen:
Lied 2, Strophe 2: »Johannes hat seinen Freund verloren« (s. S. 17).

Die Jünger kommen mit ihren brennenden Kerzen nach vorn.

Die Jünger: *(jeder spricht einen Satz)*
Drei Jahre sind wir mit ihm durch das Land gezogen.
Wir haben gehört, was er gesagt hat.
Wir haben gesehen, was er getan hat.
Er hat so viele satt gemacht.
Er war stärker als Wind und Sturm.
Er hat Kranke gesund gemacht.
Schwache hat er stark gemacht.
Tote hat er auferweckt.
Er hat uns allen Mut gemacht.
Er war unser Meister.
Wir waren seine Jünger.
Wir haben ihn so geliebt!
Heute haben wir Jesus verloren.
Heute haben wir unseren Herrn verloren.

Sie blasen die Kerzen aus und gehen mit gesenktem Kopf an ihren Platz zurück.

Alle singen:
Lied 2, Strophe 3: »Es haben die Jünger den Herrn verloren« (s. S. 17).

Die Frauen kommen mit ihren brennenden Kerzen nach vorn.

Die Frauen: *(jede spricht einen Satz)*
Wir sind mit ihm gezogen.
Mit ihm und seinen Freunden.
Wir haben für ihn gesorgt.
Für ihn und für alle, die mit ihm zogen.

Wir haben gekocht.
Wir haben die Kleider gewaschen.
Wir waren da, wenn einer krank wurde.
Weil wir ihn so geliebt haben,
deshalb sind wir mit ihm gegangen.
Weil er die Kinder so liebte,
deshalb liebten wir ihn so.
Jede von uns liebte er.
Er hat keine übersehen, keinen vergessen.
Kein Kind! Keine Frau und keinen Mann!
Heute haben wir Jesus verloren.
Heute haben wir unser Liebstes verloren.

Sie blasen die Kerzen aus und gehen mit gesenktem Kopf an ihren Platz zurück.

Alle singen:
Lied 2, Strophe 4: »Es haben die Frau'n ihr Liebstes verloren«
(s. S. 17).

Zur folgenden letzten Strophe geht die Erzieherin zu dem Tisch mit der Osterkerze. Die Kinder rücken zur Seite, damit die Kerze von allen gesehen werden kann. Die Erzieherin zündet die Osterkerze an.

Alle singen:
Lied 2, Strophe 5: »Hat Gott am Kreuz seinen Sohn verloren?«
(s. S. 17).

Die Kinder zünden ihre Lichter wieder an der Osterkerze an und tragen das Licht in die Gemeinde.

Alle singen:
Lied 1, Strophen 4 und 5: »Es geht ein Freuen um die Welt« und
»Es geht ein Lachen um die Welt«
(s. S. 16).

Aus: Rolf Krenzer, Auf einmal ist der Frühling da.
Verlag Ernst Kaufmann, Lahr.

Lied 1

Es geht ein Weinen um die Welt

T: Rolf Krenzer M: Martin Göth

2. Es geht ein Klagen um die Welt,
denn Jesus lebt nicht mehr.
Es geht ein Klagen um die Welt.
Uns ist das Herz so schwer.
Im Grab muss er nun liegen.
Davor ein schwerer Stein.
Ein Stein.
Und wir sind so allein.

3. Es geht ein Trauern um die Welt,
denn Jesus lebt nicht mehr.
Es geht ein Trauern um die Welt.
Uns ist das Herz so schwer.
Man hat ihn uns genommen
und wir sind so allein.
Allein.
Und wir sind so allein.

4. Es geht ein Freuen um die Welt.
Schaut her, das Grab ist leer!
Es geht ein Freuen um die Welt
und es wird immer mehr.
Gott ließ ihn auferstehen.
Kommt her und weint nicht mehr.
Kommt her!
Und es wird immer mehr.

5. Es geht ein Lachen um die Welt.
Wir dürfen fröhlich sein.
Es geht ein Lachen um die Welt.
Wir sind nicht mehr allein!
Er lebt! Wir können Ostern
uns drum von Herzen freun.
Stimmt ein!
Er wird stets bei uns sein!

Lied 2
Maria hat ihren Sohn verloren

T: Rolf Krenzer M: Martin Göth

2. Johannes hat seinen Freund verloren,
Jesus, sein Freund, ist tot.
Ans Kreuz genagelt und umgebracht.
Das haben sie mit dem Freund gemacht.
O Gott! O Gott!
So groß ist seine Not.

3. Es haben die Jünger den Herrn verloren,
Jesus, der Herr, ist tot.
Ans Kreuz genagelt und umgebracht.
Das haben sie mit dem Herrn gemacht.
O Gott! O Gott!
So groß ist ihre Not.

4. Es haben die Frau'n ihr Liebstes verloren,
Jesus, ihr Liebstes, ist tot.
Ans Kreuz genagelt und umgebracht.
Das haben sie mit ihrem Liebsten gemacht.
O Gott! O Gott!
So groß ist ihre Not.

5. Hat Gott am Kreuz seinen Sohn verloren?
Glaubt nur! Ihr werdet es sehn!
Denn Jesus besiegt zum Schluss den Tod.
So endet das Leid und so endet die Not.
Denn Gott, ja Gott
lässt Jesus auferstehn.

Petrus hat Angst

Spiel zur Passionszeit

Es spielen:
Sprecher/in, vier Jünger, Petrus, zwei Frauen, ein Mann.

Sprecher/in: Jesus weiß, dass er sterben muss. In Jerusalem wird das geschehen. Seine Freunde aber wollen ihn nie verlassen.

Jesus: Sie werden mich töten. Und ihr werdet auseinanderlaufen nach allen Seiten. Wie Schafe ohne ihren Hirten.

1. Jünger: Niemals! Wir werden immer zu dir halten!

2. Jünger: Ich werde dich nie verlassen!

3. Jünger: Ich auch nicht!

4. Jünger: Ganz bestimmt nicht!

Petrus: Ich nicht! Niemals!

Jesus: Was meinst du, Petrus?

Petrus: Selbst wenn alle anderen an dir irre werden, ich nicht!

Jesus: Täusche dich nicht, Petrus! Bevor der Hahn heute Nacht zwei Mal kräht, wirst du drei Mal behaupten, dass du mich nicht kennst!

Petrus: Niemals! Nie! Nein, das werde ich niemals tun! Selbst wenn ich mit dir zusammen sterben müsste, Jesus!

Sprecher/in: Das war heute Mittag gewesen. Aber jetzt sieht alles anders aus. Jetzt haben sie Jesus gefangen genommen und abgeführt. Und die, die zu Jesus gehören, fürchten auch um ihr Leben. Es ist jetzt nicht gut, als ein Freund dieses Jesus erkannt zu werden.
Petrus hatte zusehen müssen, wie Jesus angespuckt und geschlagen wurde. Er ist hinter Jesus hergelaufen. Er war sehr vorsichtig, damit er nicht auch gepackt wurde. Jetzt steht er im Hof und hofft, irgendetwas von Jesus zu erfahren.

1. Frau: Hallo, du! Du stehst doch schon eine ganze Weile hier. Wartest du auf jemand?

Petrus: Hm. Ja. ...

1. Frau: Komm doch mal ein bisschen näher. Ja, hierher, damit ich im Schein der Lampe dein Gesicht sehen kann. Na, komm schon! Vielleicht kennt dich ja einer von meinen Leuten.

Petrus: Lass mich doch im Dunkeln stehn ...

1. Frau: Natürlich kenne ich dich. Du gehörst doch auch dazu! Du warst doch auch mit diesem Jesus zusammen. Bist du ein Freund von ihm?
Ja, sicher bist du ein Freund von ihm. Deshalb bist du auch in die Stadt gekommen. Deshalb stehst du auch hier im Hof und hoffst, etwas von ihm zu erfahren.

Petrus: Ich weiß nicht! Nein, ich weiß überhaupt nicht, wovon du sprichst!

1. Frau: Ein seltsamer Mann! Da läuft er davon. Dabei habe ich ihn doch nur gefragt ...

Der Hahn kräht

1. Frau: Seltsam, jetzt steht der Mann schon wieder dort drüben. Er ist fortgelaufen. Aber jetzt ist er wieder hier.

Mann: Von wem sprichst du?

1. Frau: Dort drüben der Mann war vorhin schon einmal da.

2. Frau: Kennst du ihn?

1. Frau: Ich habe ihn schon gesehen. Der gehört auch zu den Freunden von diesem Jesus, den sie heute Abend verhaftet haben.

Mann: Bist du einer von den Leuten? Bist du ein Freund von diesem Jesus?

Petrus: Ich weiß überhaupt nicht, wovon du sprichst.

2. Frau: Du gehörst doch dazu!

Mann: Sicher gehörst du dazu! Das kannst du nicht abstreiten!

Petrus: Gott soll mich strafen, wenn ich lüge! Ehrlich, ich kenne diesen Menschen gar nicht, von dem ihr sprecht. Ich muss jetzt gehen. Seid mir nicht böse!

1. Frau: Ein seltsamer Mann!

Hahn kräht

Mann: Heute Nacht ist vieles seltsam. Kannst du mir vielleicht verraten, warum unser Hahn mitten in der Nacht kräht? Und jetzt schon zum zweiten Mal!

Sprecher/in: In dieser Nacht erinnert sich Petrus plötzlich daran, was Jesus zu ihm gesagt hatte.

Petrus: Ich werde dich nie verlassen! Niemals!

Jesus: Täusche dich nicht, Petrus! Bevor der Hahn heute Nacht zwei Mal kräht, wirst du drei Mal behaupten, dass du mich nicht kennst!

Petrus: Jesus!

Sprecher/in: Da geht Petrus durch die Nacht. Er ist so traurig, dass er weinen muss.

Erzähle, was mit Jesus geschah!

Sprechspiel mit Pantomime

Einzelne Szenen werden pantomimisch angedeutet:

- Jesus reitet in Jerusalem ein.
- Teppiche werden ausgebreitet, Spieler winken mit Blumen und Zweigen.
- Verschwörung.
- Das Mahl (im Kreis auf dem Boden sitzen, einer schleicht sich davon).
- Gefangennahme.
- Die Jünger trauern (mit gesenktem Kopf).
- Großer Kreis, alle fassen sich an den Händen.
- Die Osterkerze wird angezündet und von einem zum anderen weitergegeben.

1. Sprecher/in: Erzähle, was mit Jesus geschah!

2. Sprecher/in: Er kam in die Hauptstadt. Ostern war nah.

3. Sprecher/in: Auf einem Esel kam er daher. Viel Leute kamen.
Und immer mehr!

4. Sprecher/in: Sie riefen es laut durch die ganze Stadt:
Wir grüßen dich, weil dich Gott geschickt hat!
Wir grüßen dich, Jesus! Der König bist du!

5. Sprecher/in: Und es kommen immer noch mehr hinzu.

6. Sprecher/in: Sie bringen Kleider aus dem Haus
und breiten sie wie Teppiche aus.

7. Sprecher/in: Und über die Teppiche reitet der Herr.
Da jubeln die Leute und freun sich so sehr.

8. Sprecher/in: Sie winken ihm mit Blumen und Zweigen.
Wie lieb sie ihn haben. Das wollen sie zeigen.

1. Sprecher/in: Erzähle, was dann weiter geschah!

2. Sprecher/in: Die ihn töten wollten, die waren schon da.

3. Sprecher/in: Bereit standen auch schon ihre Soldaten.
Sie wussten: Ein Freund wird Jesus verraten.

Sie hatten ihm Geld dafür gegeben.
Jesus sollte nicht länger leben.

1. Sprecher/in: Erzähle, was dann weiter geschah!

4. Sprecher/in: Jesus wusste, die Feinde sind da.
Am Abend lud er die Freunde ein
zu einem Mahl mit Brot und Wein.

5. Sprecher/in: Am Abend waren die Freunde zusammen
zu seinem Mahl in seinem Namen.

6. Sprecher/in: Ich schenke mich euch mit Brot und Wein,
sagt Jesus und lädt seine Freunde ein.

7. Sprecher/in: Nur einer schleicht sich heimlich davon.
Er läuft zu den Feinden. Sie warten schon.

1. Sprecher/in: Erzählt, was dann mit Jesus geschah!

8. Sprecher/in: Sie standen schon bald bewaffnet da.

1. Sprecher/in: Er wehrte sich nicht, als sie ihn gefangen.
Er ist still und traurig mitgegangen.

2. Sprecher/in: Die Freunde aber, sie liefen schon
ängstlich nach allen Seiten davon.

1. Sprecher/in: Erzählt, was dann mit Jesus geschah!

3. Sprecher/in: Sie quälten und folterten ihn da.

4. Sprecher/in: Sie riefen: Bist du Gottes Sohn,
dann hilf dir selbst! Jag' uns davon!

5. Sprecher/in: Weil er Gottes Liebe verkündet hat,
verurteilten sie ihn dann in der Stadt.

6. Sprecher/in: Weil Gehorsam und Liebe sein höchstes Gebot,
verurteilten sie ihn schließlich zum Tod.

1. Sprecher/in: Erzählt, was dann mit Jesus geschah!

7. Sprecher/in: Er starb am Kreuz auf Golgata.

8. Sprecher/in: Er hat *für uns* sein Leben gegeben,
damit wir mit ihm für immer leben.

1. Sprecher/in: Mit ihm immer leben? Wie kann das geschehn?

2. Sprecher/in: Nach drei Tagen ließ Gott ihn auferstehn.

3. Sprecher/in: Er trat aus dem Grab nach der Todesnacht.
Zum Leben ist er wieder erwacht.

4. Sprecher/in: Ostern! Ja, Ostern ist das geschehn:
Ostern ließ Gott Jesus auferstehn.

1. Sprecher/in: Es läuten die Glocken, weil Ostern ist.
Wir singen und loben dich, Jesus Christ!

Osterspiel mit Kerzen

Auf dem Tisch steht eine einzige brennende Kerze.

1. Sprecher/in:	Gott schickte Jesus nach Jerusalem.
2. Sprecher/in:	Er ritt auf einem Esel in die Stadt und viele Menschen riefen ihm zu:
Alle:	Du bist unser König! Du bist unser König! Gott hat dich geschickt!
3. Sprecher/in:	Jesus aß und trank mit seinen Freunden. Er sagte aber auch:
4. Sprecher/in:	Ich werde bald sterben müssen. Einer von euch wird mich verraten.
Alle:	Ich nicht! Ich nicht! Nein, ich nicht!
5. Sprecher/in:	In der Nacht betete Jesus zu Gott.
4. Sprecher/in:	Vater! Was du willst, soll geschehen!
6. Sprecher/in:	In der Nacht nahmen die Soldaten Jesus gefangen. Seine Freunde liefen davon. Sie hatten Angst.
Alle:	Ich kenne diesen Jesus nicht! Nein, wir kennen diesen Jesus nicht!
7. Sprecher/in:	Sie quälten Jesus. Sie schlugen ihn.
8. Sprecher/in:	Sie stellten ihn neben einen Verbrecher. Dann fragten sie:
9. Sprecher/in:	Sollen wir diesen Jesus freilassen? Da riefen die Leute:
Alle:	Ans Kreuz mit ihm! Ans Kreuz mit ihm!
10. Sprecher/in:	Sie hängten Jesus an das Kreuz.
11. Sprecher/in:	Sie hängten Gottes Sohn an das Kreuz.
4. Sprecher/in:	Vater, vergib ihnen! Sie wissen nicht, was sie tun.
12. Sprecher/in:	So starb Jesus am Kreuz.

Einer geht ganz langsam zum Tisch und bläst die Kerze aus. Alle sitzen ganz still. Dann beginnen sie leise das Lied »Es geht ein Weinen um die Welt« (s. S. 15) zu singen, die erste, zweite und dritte Strophe.
Ein Kind geht zum Tisch und zündet die Kerze wieder an.

Kind: Freut euch mit mir!
Jesus lebt! Er hat den Tod besiegt!

Jetzt geht ein Kind nach dem anderen zum Tisch und erhält dort eine Kerze, die es an der bereits brennenden Kerze entzündet. Es werden immer mehr Kerzen. Dazu singen wir die beiden letzten Strophen des Liedes so lange, bis alle Kerzen angezündet sind.
Zum Schluss sagt der/die Spielleiter/in: »Jetzt können wir fröhlich Ostern feiern!«
Die Kinder gehen aufeinander zu, geben sich die Hände und wünschen sich frohe Ostern.

Aus: Rolf Krenzer, Glauben erlebbar machen. Grundkurs.
Verlag Herder, Freiburg. 1. Auflage der Neuausgabe 1996.

Pfingsten

Auf zur Geburtstagsfeier!

Ein Spiel zu Pfingsten

Die Spieler/innen kommen in einer langen Reihe. Jede/r trägt ein Päckchen, Blumen usw.

Sprecher/in:	Hallo, wohin wollt ihr denn?
1. Kind:	Zum Geburtstag!
2. Kind:	Sieh doch nur die vielen Blumen, die wir mitbringen!
3. Kind:	Und die Geschenke!
4. Kind:	Und Kuchen und Plätzchen!
5. Kind:	Es wird ein großes Fest!
Sprecher/in:	Wer hat denn Geburtstag?
6. Kind:	Weißt du das nicht?
Sprecher/in:	Nein! Ich weiß nichts.
7. Kind:	Ein Geburtstag ist doch ein Feiertag!
8. Kind:	Wie man's nimmt! Für das Geburtstagskind auf jeden Fall!
9. Kind:	Und heute ist doch ein Feiertag! Oder?
Sprecher/in (lacht):	Heute ist Pfingsten! Was hat denn das mit Geburtstag zu tun?
10. Kind:	Warum feiern wir den Pfingsten?
Sprecher/in:	Weiß ich auch nicht so genau. Sie sagen, da war die Ausgießung des Heiligen Geistes.
1. Kind:	Das verstehe ich nicht!
Sprecher/in:	Ich auch nicht.
2. Kind:	Wir wissen aber, was Pfingsten ist!
3. Kind:	Geburtstag! Geburtstag!
Sprecher/in:	Wer hat denn Pfingsten Geburtstag?

4. Kind: Die Kirche natürlich. Sie ist schon zweitausend Jahre alt!

Sprecher/in: Da habt ihr wirklich Recht! Seit Pfingsten nennen wir uns Christen nach Jesus Christus, unserem Herrn!

5. Kind: Und Jesus wird immer bei uns sein! Das hat er uns versprochen.

6. Kind: Jeden Tag und jede Nacht!

7. Kind: Deshalb singen wir das ja auch immer wieder.

Alle singen:

Unser Freund heißt Jesus Christ

T: Rolf Krenzer M: Inge Lotz

2. Wenn wir einmal traurig sind,
drückt uns unser Schuh,
beten wir zu unserm Herrn
und er hört uns zu.

3. War der Tag voll Sonnenschein,
Freude immerzu,
beten wir zu unserm Herrn
und er hört uns zu.

4. Wenn wir alle Freunde sind,
fällt es uns nicht schwer:
Ich helf dir und du hilfst mir.
So will's unser Herr.

Sprecher/in:	Das ist wirklich ein richtiges Pfingstlied.
8. Kind:	Hat es dir gefallen?
Sprecher/in:	Ich kenne noch eins! Wollen wir es singen?

Zu dem folgenden Lied gehen alle aufeinander zu, sehen sich freundlich an und bilden dann zur zweiten Strophe eine lange Reihe. Zusammen gehen sie um den Altar herum. Zur dritten Strophe tanzen sie im Reigen um den Altar.

Lasst uns die Hände geben
Pfingstlied und -tanz

T: Rolf Krenzer M: Martin Göth

2. Lang ist unsere Reihe!
Seht, wie wir uns freun!
Christen sind wir, denn Christus ist hier
und lässt uns nie mehr allein.
Hallelu, halleluja,
stimmt alle mit uns ein:
Hallelu, halleluja,
er wird immer bei uns sein.

3. Dreht euch Pfingsten im Reigen!
Tanzt um den Altar!
Christen sind wir, denn Christus ist hier
und alles ist wunderbar.
Hallelu, halleluja ...

9. Kind: Glaubst du nun, dass heute Geburtstag ist?

10. Kind: Unsere Kirche feiert an Pfingsten Geburtstag!

Sprecher/in: Und da feiern wir alle mit!

Wenn unsere Kirche Geburtstag hat

Pfingsten

T: Rolf Krenzer M: Peter Janssens

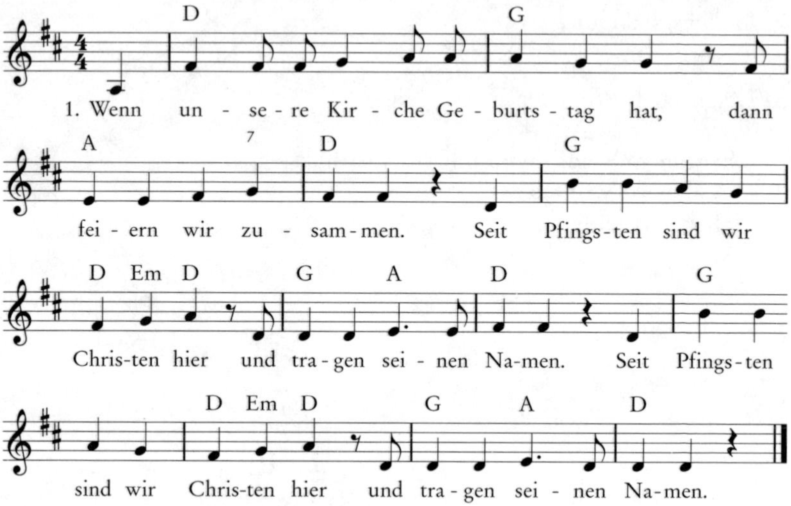

2. Weil Jesus der Christus und König ist
   im Himmel und auf Erden,
   gibt's Christen in der ganzen Welt,
   die mit ihm leben werden.

3. Der Heilige Geist wird stets bei uns sein
   von Pfingsten an bis heute
   und morgen und in Ewigkeit.
   Das ist der Grund der Freude.

4. Weil unsere Kirche Geburtstag hat,
   drum feiern wir zusammen.
   Seit Pfingsten sind wir Christen hier
   und tragen seinen Namen.

Sommerfest – Kindermissionstag

Wir reisen um die Welt

Eine Liederreise

Die einzelnen Lieder werden durch Moderation miteinander verbunden (Sprecher/in).

Macht mit bei unserm Lied!

T: Rolf Krenzer M: Peter Janssens

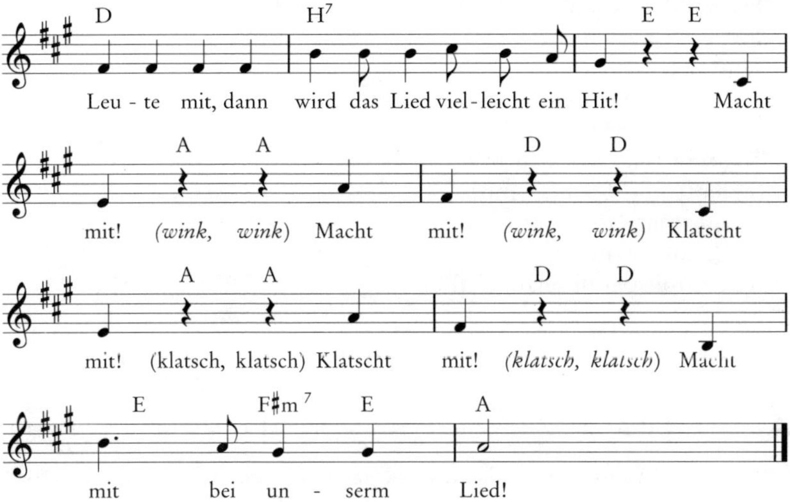

3. Stampft mit! Stampft mit!
   Stampft mit bei unserm Lied!
   Und stampfen alle Leute mit,
   dann wird das Lied vielleicht ein Hit!
   Macht mit! Macht mit!
   Klatscht mit! Klatscht mit!
   Stampft mit! Stampft mit!
   Macht mit bei unserm Lied!

4. Klopft mit! Klopft mit!
   Klopft mit bei unserm Lied.
   Und klopfen alle Leute mit,
   dann wird das Lied vielleicht ein Hit!
   Macht mit! Macht mit!
   Klatscht mit! Klatscht mit!
   Stampft mit! Stampft mit!
   Klopft mit! Klopft mit!
   Macht mit bei unserm Lied!

5. Steht auf! Steht auf!
Steht auf zu unserm Lied!
Und machen alle Leute mit,
dann wird das Lied gewiss ein Hit!
Macht mit! Macht mit!
Klatscht mit! Klatscht mit!
Stampft mit! Stampft mit!
Klopft mit! Klopft mit!
Steht auf! Steht auf!
Macht mit bei unserm Lied!

Moderation: Wir wollen auf die Reise gehen. Eine Reise, die uns in andere Länder und zu anderen Menschen führt. Eine Reise in unserer Fantasie. Kommt her! Kommt herein! Unser Zirkus Fantasie wartet schon auf euch!

Zu diesem Lied können wir alles ausprobieren, was unsere Fantasie und Kreativität möglich werden lassen. Bunte Luftballons steigen in den Himmel, Wunderkerzen brennen glitzernd ab, schillernde Seifenblasen steigen auf und schweben über uns und zwischen uns.

Der Zirkus Fantasie

T: Rolf Krenzer M: Peter Janssens

2. Im Zirkus Fantasie
da singt man mit den Herzen.
Zu tausend Wunderkerzen
erklingt die Melodie
im Zirkus Fantasie.

3. Im Zirkus Fantasie
verschenkt man Pustekuchen.
Und jeder darf versuchen
und freut sich wie noch nie
im Zirkus Fantasie.

4. Im Zirkus Fantasie
da schweben Seifenblasen
uns schillernd um die Nasen
und landen auf dem Knie
im Zirkus Fantasie.

5. Im Zirkus Fantasie
da kannst du Wunder sehen,
zum Regenbogen gehen
und glücklich sein wie nie
im Zirkus Fantasie.

6. Im Zirkus Fantasie
ist Schnee so warm wie Seide,
die Nacht so hell wie Kreide.
Und das vergisst du nie
im Zirkus Fantasie.

7. Im Zirkus Fantasie
da werden Dumme weise
und Laute werden leise.
Der Narr wird zum Genie
im Zirkus Fantasie.

8. Im Zirkus Fantasie
da streicheln sich die Feinde
und sind auf einmal Freunde
und wissen selbst nicht, wie,
im Zirkus Fantasie.

9. Der Zirkus Fantasie
der kostet keinen Pfennig.
Da wird der Bettler König.
Komm her, du weißt schon, wie,
zum Zirkus Fantasie.

Moderation: Seht nur her, was wir alles erleben können, wenn wir nur ein wenig unsere Fantasie einsetzen.

Mach mit, bei uns erlebst du was!

T: Rolf Krenzer M: Peter Janssens

2. Mutter mag Ballett nur,
-lett nur, -lett nur,
Mutter mag Ballett nur
und übt den ganzen Tag.

Vater liebt das Jogging,
Jogging, Jogging.
Mutter mag Ballett nur,
-lett nur, -lett nur,
Mutter mag Ballett nur
und übt den ganzen Tag.

3. Opa will nur wandern,
wandern, wandern,
Opa will nur wandern
und geht den ganzen Tag.

Vater liebt das Jogging,
Jogging, Jogging,
Mutter mag Ballett nur,
-lett nur, -lett nur,
Opa will nur wandern,
wandern, wandern,
Opa will nur wandern
und geht den ganzen Tag.

4. Oma treibt Gymnastik,
-nastik, -nastik,
Oma treibt Gymnastik
und turnt den ganzen Tag.

Vater liebt das Jogging,
Jogging, Jogging,
Mutter mag Ballett nur,
-lett nur, -lett nur,
Opa will nur wandern,
wandern, wandern,
Oma treibt Gymnastik,
-nastik, -nastik,
Oma treibt Gymnastik
und turnt den ganzen Tag.

5. Schwester geht zur Disco,
Disco, Disco.
Schwester geht zur Disco
und tanzt den ganzen Tag.

Vater liebt das Jogging,
Jogging, Jogging,
Mutter mag Ballett nur,
-lett nur, -lett nur,
Opa will nur wandern,
wandern, wandern,
Oma treibt Gymnastik,
-nastik, -nastik.
Schwester geht zur Disco,
Disco, Disco,
Schwester geht zur Disco
und tanzt den ganzen Tag.

6. Brüderchen fährt Dreirad,
Dreirad, Dreirad,
Brüderchen fährt Dreirad
und tritt den ganzen Tag ...

7. Baby will nur krabbeln,
krabbeln, krabbeln,
Baby will nur krabbeln
und kriecht den ganzen Tag ...

(Strophen 6 und 7 nachträglich
vom Textautor ergänzt.)

Moderation: Seid ihr jetzt bereit? Dann kommt mit uns auf die Reise.

Wir reisen um die Welt

T: Rolf Krenzer M: Peter Janssens

2. Wo reisen wir denn hin?
Dorthin, wo sich gerade heut
auch jemand, weil wir kommen, freut,
weil wir so weit gereist,
von Herzen uns willkommen heißt,
was klar beweist:
Da reisen wir gern hin!

3. Was bringen wir denn mit?
Erinnerung, die mit uns zieht
mit jedem Wort, mit jedem Lied,
weil Freundschaft so beginnt.
Die Hoffnung auf ein Wiedersehn
wird nie vergehn:
Die bringen wir gern mit.

4. Wir reisen in die Welt
um fremde Länder anzusehn,
auf fremde Menschen zuzugehn
und lernen zu verstehn:
Nicht einer lebt – seht das nur ein! –
für sich allein
auf unsrer runden Welt.

Moderation: Seht nur, der bunte Regenbogen am Himmel. Er führt von einer Seite des Himmels bis zur anderen. Wir finden ihn überall auf der Welt. Ein Zeichen des Bundes Gottes mit uns Menschen, das immer gilt: gestern, heute und morgen.

Ein bunter Regenbogen

T: Rolf Krenzer M: Peter Janssens

2. Ein bunter Regenbogen
ist übers Land gezogen.
Und alle bleiben stehn,
um ihn sich anzusehn.
Und alle bleiben stehn,
um ihn sich anzusehn.

3. Ein bunter Regenbogen
ist übers Land gezogen,
damit ihrs alle wisst,
dass Gott uns nicht vergisst,
damit ihrs alle wisst,
dass Gott uns nicht vergisst.

Mit bunten Tüchern oder Bändern können wir zu dem Lied einen Regenbogentanz tanzen.

Moderation: Auf! Steigen wir in ein Boot und rudern wir übers Meer!

So wiegen die Wellen das Boot

T: Rolf Krenzer M: Peter Janssens

2. So schaukeln die Wellen das Boot.
Sie schaukeln es zärtlich und leise
und schaukeln nach uralter Weise.
Wir rudern vom Morgen- zum Abendrot.
So schaukeln die Wellen das Boot.

3. So tragen die Wellen das Boot.
Sie tragen es zärtlich und leise
und tragen nach uralter Weise.
Wir rudern vom Morgen- zum Abendrot.
So tragen die Wellen das Boot.

Wir sitzen mit weit gespreizten Beinen hintereinander auf der Erde und stellen so das Boot einschließlich der Ruderer dar.
Mit den Händen und Armen rudern wir und lassen uns von den Wellen schaukeln.

Moderation: Wir sind angekommen! Aber wohin jetzt? Nach rechts oder links? Egal, ob nach links oder nach rechts. Wenn du nur bei mir bist und an meiner Seite gehst!

Geh an meiner Seite, du!

T: Rolf Krenzer M: Peter Janssens

2. Steh an meiner Seite, du!
Wenn wir zusammen stehn,
dann kann uns nichts geschehn.
Und jeder kann es sehn,
dass du und ich, dass ich und du,
dass wir zusammen stehn.

3. Gib mir einfach deine Hand!
Wenn wir zusammen gehn ...

4. Häng dich einfach bei mir ein!
Wenn wir zusammen gehn ...

5. Lege deinen Arm um mich!
   Wenn wir zusammen gehn ...

6. Bleib an meiner Seite, du!
   Wenn wir zusammen gehn ...

Moderation: Wir reisen um die Welt.
Wir wollen auf die Reise gehn,
um in der Welt uns umzusehn.
Zu sehn und zu verstehn,
was unsre Welt zusammenhält
und wirklich zählt.

Von zwei Mädchen will ich euch erzählen.
Zuerst von Desta. Sie lebt in Afrika.

Wenn ich bei Desta wär'

T: Rolf Krenzer M: Peter Janssens

C Dm7 G7 C
Des - ta wär' und könnt' das al - les sehn, dann
F C F D7 G4 3
lernt' ich, sie und ih - re Welt auch bes - ser zu ver -
C 3 4 3 C F C G 4 3
stehn. 1. Des - tas El - tern woh - nen da in ei - nem klei - nen
C 3 4 3 C F C
Ort. Sie le - ben in Ä - thio - pi - en und
G 4 3 C G Am G Am7 G
wol - len nie - mals fort. Gir - ma, Des - tas
C Fmaj7 Dm7
Brü - der - chen, braucht kei - nen Kin - der -
G 4 3 G Am7 G C
wa - gen. Es wird von Mut - ter hu - cke - pack in
F D7 G 4 3 Am Am
ei - nem Tuch ge - tra - gen. Ihr Haus aus Holz und
Em Em F F
Lehm und Stroh ist win - zig klein. Ein ein - z'ger
C C G4 3 G Am7 G
Raum! Du glaubst es kaum: Es pas - sen

2. Jeder pflückt Bananen hier,
ganz frisch direkt vom Strauch.
Eukalyptus und Kakteen
gibt's hier natürlich auch.
In einem Tukul geht's uns gut.
So heißt hier unser Haus.
Dort wohnen wir und leben wir
und schlafen uns dort aus.
Ein Haus aus Holz und Lehm und Stroh,
so winzig klein.
Ein einz'ger Raum!
Du glaubst es kaum:
Es passen
Essen, Trinken, Spielen, Singen,
Schlafen, Träumen, Weinen, Lachen,
Trauern, Feiern, Schweigen, Reden,
das, was wir zusammen machen,
in das Haus hinein.

3. Auf dem Boden schlafen wir.
Es gibt keinen Schrank.
Drum hängt jeder seinen Kram
einfach an die Wand.
Autos gibt es bei uns nicht.
Willst du mit mir fahren,
steige auf und fahr' mit mir
auf dem Eselskarren.
Das Dorf in Afrika ist arm
und winzig klein.
Hat so viel Raum!
Du glaubst es kaum:
Es passen
Kinder, Eltern, alte Leute,
Kühe, Ziegen, Esel, Schafe
und Kamele, Blumen, Bäume,
wir und alles, was wir lieben,
in das Dorf hinein.

Moderation: Gehen wir weiter. Das heißt: Wir ziehen mit einer Karawane mit. So wie die Nomaden seit jeher durch die Wüste gezogen sind.

Die Nomaden müssen wandern

T: Rolf Krenzer M: Peter Janssens

2. Keiner sieht die Wüstenstraße
von Oase zu Oase.
Wer durch die Wüste zieht,
weiß, wo der Kaktus blüht.
Sulaleila, sulasolima ...

3. Und so treiben sie die Herde
immer weiter auf der Fährte.
Der Tag ist heiß, so heiß,
die Nacht so kalt wie Eis.
Sulaleila, sulasolima ...

4. Die Nomaden müssen wandern
von dem einen Ort zum andern.
Ihr Heim, das ist das Zelt,
die Wüste ihre Welt.
Sulaleila, sulasolima ...

Karawanensong

T: Rolf Krenzer M: Peter Janssens

2. Ukarawani Karawanum.
Die Karawane zieht langsam herum.
Im Wüstensand.
Im fremden Land.
Sie zieht herum.
Ukarawani Karawanum.

3. Ukarawani Karawanei.
Die Karawane geht langsam vorbei.
Im Wüstensand.
Im fremden Land.
Sie zieht vorbei.
Ukarawani Karawanei.

4. Ukarawani Karawana.
Die Karawane ist jetzt schon ganz nah.
Im Wüstensand.
Im fremden Land.
Sie ist ganz nah.
Ukarawani Karawana.

5. Ukarawani Karawana.
Die Karawane ist jetzt endlich da.
Im Wüstensand.
Im fremden Land.
Sie ist jetzt da.
Ukarawani Karawana.

6. Ukarawani Karawanon.
Die Karawane zieht langsam davon.
Im Wüstensand.
Im fremden Land.
Sie zieht davon.
Ukarawani Karawanon.

Wir können uns verkleiden und in einer langen Karawane herumziehen. Zum Refrain heben wir die Hände hoch, strecken sie nach beiden Seiten aus, halten unsere Arme gekreuzt vor der Brust usw. Zum Zwischenspiel können wir die Melodie laut summen und uns dabei die Nase zuhalten. Das klingt richtig orientalisch!

Moderation: Am schönsten ist es, wenn wir in einer Oase ankommen und mitten in der Wüste einen Brunnen finden: Wasser, das den Durst löscht!

Ein Brunnen in der Wüste

T: Rolf Krenzer M: Peter Janssens

2. Ein Brunnen in der Wüste
macht die Wüste schön.
Sein Wasser hier
stärkt Mensch und Tier,
schenkt jedem, der erschlafft,
gleich wieder frische Kraft.

3. Ein Brunnen in der Wüste
macht die Wüste schön.
Es muss stets rein
sein Wasser sein,
dass morgen jeder dann
noch davon trinken kann.

4. Ein Brunnen in der Wüste,
macht die Wüste schön.
Wer müd und matt
dann Wasser hat,
darf Gott, dem Herrn, allein
von Herzen dankbar sein.

Moderation: Es ist das Beste, was Gott uns schenkt, damit wir leben dürfen: Wasser, das den Durst löscht. Aber das andere ist genau so wichtig und lebensnotwendig: Brot, das den Hunger stillt! Drum will ich euch noch von der Ronja erzählen.

Von der Ronja woll'n wir singen

T: Rolf Krenzer M: Peter Janssens

2. Ronja spielt in einem Garten,
um den Garten ist ein Zaun.
Und viele Kinder stehn davor,
um Ronja zuzuschaun.

3. Arme Kinder stehn am Zaun dort,
wollen nicht mehr weiter gehn.
Wie hungrig diese Kinder sind,
kann Ronja noch nicht sehn.

4. Ronja spielt in einem Garten
und die Kinder stehn am Zaun.
Kein Kind steigt über Ronjas Zaun,
weil sie sich noch nicht trau'n.

6. Da läuft Ronja zu den Kindern
und lädt alle Kinder ein.
Weil Ronja selbst das Tor aufmacht,
kommt jeder gern herein.
Frische Brötchen, Marmelade,
Käse, Butter, Schokolade,
Pudding, Obst und Eis dazu.
Kommt herbei und greift nur zu!

7. Als dann Ronjas Eltern kommen,
kommt es fast zum großen Krach.
Doch weil sie klug und weise sind,
drum denken beide nach.
Frische Brötchen, Marmelade,
Käse, Butter, Schokolade
schmecken ganz besonders fein,
lädt man Freunde dazu ein!

8. Und so laden sie seit heute
Ronjas Freunde alle ein.
Und keiner steht mehr vor dem Zaun,
denn alle kommen rein.
Teilen Brötchen, Marmelade,
Käse, Butter, Schokolade,
dass ein jeder etwas hat.
Und so werden alle satt.

Moderation: Wir müssen sorgfältig umgehen mit dem, was Gott uns schenkt. Wir müssen immer mehr lernen, gut und gerecht miteinander zu teilen. Hier bei uns und überall auf der Welt.

Teilt der eine mit dem andern

T: Rolf Krenzer M: Peter Janssens

2. Und wenn einer rund und satt ist,
kommt ein anderer fast um.
Teilt der eine mit dem andern,
dann wär' das gar nicht dumm.

3. Wohnt der eine wie'n König,
schläft ein anderer im Frei'n.
Teilt der eine mit dem andern,
dann wird sich mancher freu'n.

4. Schreit der eine laut vor Hunger,
hat ein andrer zuviel Brot.
Teilt der eine mit dem andern,
dann gibt es keine Not.

5. Hat der eine teure Kleider,
hat ein andrer noch kein Hemd.
Teilt der eine mit dem andern,
dann bleibt man sich nicht fremd.

6. Schnattert einer laut vor Kälte,
schwitzt ein andrer vor sich hin.
Teilt der eine mit dem andern,
dann gibt das einen Sinn.

7. Ist der eine still und leise,
macht der andre nur Radau.
Teilt der eine mit dem andern,
dann stimmt es ganz genau.

8. Hat der eine zuviel Ängste
und ein andrer zuviel Mut.
Teilt der eine mit dem andern,
dann wär' das sicher gut.

9. Irrt der eine durch die Gegend
und der andre weiß Bescheid.
Teilt der eine mit dem andern,
dann tut es keinem Leid.

10. Ist der eine stark und kräftig
und der andre klein und schwach.
Teilt der eine mit dem andern,
dann hilft Gott sicher nach.

11. Ist der eine ohne Hoffnung
und der andre voll Vertrau'n.
Teilt der eine mit dem andern,
dann kann man Brücken bau'n.

12. Weiß der eine, wo es los geht,
kennt der andere das Ziel.
Teilt der eine mit dem andern,
dann wissen beide viel.

13. Denkt der eine mit dem Herzen
und der andre mit Verstand.
Teilt der eine mit dem andern,
dann stehn wir Hand in Hand.

Moderation: Wir reisen um die Welt.
Wir wollen auf die Reise gehn,
um in der Welt uns umzusehn.
Zu sehn und zu verstehn,
was unsre Welt zusammenhält
und wirklich zählt.

Wenn wir bereit sind, miteinander zu teilen,
dann sind wir überall willkommen.
Und jeder begrüßt uns mit einem
herzlichen Shalom.

Shalom

T: Rolf Krenzer M: Peter Janssens

2. Schau dich um! Schau dich um!
Der Friede geht bei uns herum.
Sieh mich an! Bleibe stehn!
Hast du den Frieden schon gesehn?
Lache mir zu
wie ich es tu,
dann wird er nicht von uns gehn!

3. Schau dich um! Schau dich um!
Der Friede geht bei uns herum.
Sieh mich an! Bleibe stehn!
Hast du den Frieden schon gesehn?
Reich mir die Hand
wie ich es tu,
dann wird er nicht von uns gehn!

4. Schau dich um! Schau dich um!
Der Friede geht bei uns herum.
Sieh mich an! Bleibe stehn!
Hast du den Frieden schon gesehn?
Höre mir zu
wie ich es tu,
dann wird er nicht von uns gehn!

5. Schau dich um! Schau dich um!
Der Friede geht bei uns herum.
Sieh mich an! Bleibe stehn!
Hast du den Frieden schon gesehn?
Halte mich fest
wie ich es tu,
dann wird er nicht von uns gehn!

6. Schau dich um! Schau dich um!
Der Friede geht bei uns herum.
Sieh mich an! Bleibe stehn!
Hast du den Frieden schon gesehn?
Drück' mich ganz fest
wie ich es tu,
dann wird er nicht von uns gehn!

Moderation: Und kennt ihr den alten Jakob? Er begrüßt uns ebenfalls sehr, sehr herzlich.

Wenn der alte Jakob schafft

T: Rolf Krenzer M: Peter Janssens

2. Wenn der alte Jakob lacht,
lacht das ganze Haus.
Wenn der alte Jakob lacht,
ruht sich keiner aus.
Und ... lachen ...

3. Wenn der alte Jakob schimpft,
schimpft das ganze Haus.
Wenn der alte Jakob schimpft,
ruht sich keiner aus.
Und ... schimpfen ...

4. Wenn der alte Jakob isst,
isst das ganze Haus.
Wenn der alte Jakob isst,
ruht sich keiner aus.
Und ... essen ...

5. Wenn der alte Jakob pennt,
pennt das ganze Haus.
Wenn der alte Jakob pennt,
ruht sich jeder aus.
Und ... pennen ...

6. Wenn der alte Jakob tanzt,
tanzt das ganze Haus.
Wenn der alte Jakob tanzt,
ruht sich keiner aus.
Und ... tanzen ...

Moderation: Allmählich müssen wir wieder an die Heimreise denken. Doch wenigstens ein paar von den vielen Tieren, die es überall auf der Erde gibt, wollen wir uns noch ansehen. Aber seid vorsichtig, damit wir sie nicht erschrecken. Nur zusehen wollen wir ihnen, sonst nichts.

Die Tiere leben so

T: Rolf Krenzer M: Peter Janssens

2. Der Elefant, so dick und schwer,
schwenkt seinen Rüssel hin und her.
tä, tä, tä, tä, tä, tä,
den Rüssel hin und her.

3. Der Pinugin, der Pinguin
stolziert grad wie ein Mannequin,
tip, tip, tip, tip, tip, tip,
grad wie ein Mannequin.

4. Das Känguru, du liebe Zeit,
das springt ja fast drei Meter weit!
Hopp, hopp, hopp, hopp, hopp, hopp,
springt fast drei Meter weit.

5. Der Seehund macht uns allen Spaß.
Er spritzt uns all' mit Wasser nass,
plitsch, platsch, plitsch, plitsch, platsch, plitsch,
spritzt uns mit Wasser nass.

6. Das Lama läuft im Kreis und guckt.
Pass auf, gleich hat's dich vollgespuckt!
Pf, pf, pf, pf, pf, pf,
gleich hat's dich vollgespuckt.

7. Die Äffchen springen rund herum
und turnen für das Publikum.
Sch, sch, sch, sch, sch, sch,
nur für das Publikum.

8. Vor Löwen fürchtet mancher sich.
Die brüllen einfach fürchterlich.
Rrr, rrr, rrr, rrr, rrr, rrr,
die brüllen fürchterlich.

9. Jetzt kommt ein bunter Papagei,
der plappert und macht viel Geschrei.
Ma, ma, ma, ma, ma, ma.
Ja, der macht viel Geschrei.

10. Siehst du das große Krokodil?
Es kommt daher und frisst so viel.
Schnapp, schnapp, schnapp, schnapp, schnapp, schnapp,
das große Krokodil.

11. Ich seh mich nach dem Pony um
und reite dann im Kreis herum,
hopp, hopp, hopp, hopp, hopp, hopp,
im Kreise rund herum.

(Textvariation zu dem Originallied »Im Zirkus ist das so«.)

In diesem Spiellied geht es darum, die Tiere in ihrer Bewegung und von ihrer Stimme her vorzustellen. Es können zu jeder Strophe eins oder mehrere sein. Der Text reizt, gemeinsam mit den Kindern noch weitere Strophen auszudenken, die dann alle in das Spiel eingebracht werden können, z. B.

Da kommt ein stolzer Hirsch herbei
und zeigt uns allen sein Geweih ...

Der Tiger blickt so grimmig drein,
er möchte gern im Dschungel sein ...

Moderation: Von einem winzigen Tier will ich euch noch erzählen. Und von dem größten Wunder, das uns Gott in jedem Jahr wieder neu erleben lässt.

Seid behutsam, Leute

T: Rolf Krenzer M: Peter Janssens

2. Einmal wird die Raupe
   satt und müde sein,
   spinnt sich ein im Häuschen
   und schläft darin ein.

3. Aus der fetten Raupe,
   klein und so gering,
   wird, wenn sie erwacht, ein
   bunter Schmetterling.

4. Fliege, kleiner Falter,
   du bist wunderschön!
   Alle stehn und staunen,
   wenn sie dich jetzt sehn.

5. Ich breit' beide Arme
   weit, so weit jetzt aus.
   Seht nur her, ich fliege
   in die Welt hinaus.

Einer spielt die Raupe und geht im Kreis herum und »knabbert« die Mitspieler an. Wer angeknabbert wurde, hängt sich hinten an, so dass eine ganz lange Raupe entsteht. Dann spielen wir alle das, was in den Strophen des Liedes erzählt wird.

Moderation: Wenn wir jetzt wieder zurückreisen, nehmen wir vielleicht noch ein paar Souvenirs mit. Oder?

Wir reisen um die Welt.
Wir wollen auf die Reise gehn,
um in der Welt uns umzusehn.
Zu sehn und zu verstehn,
was unsre Welt zusammenhält
und wirklich zählt.

Und das Heimweh nehmen wir mit, die Sehnsucht nach zu Hause.

Träum ich manchmal vor mich hin

Sehnsucht nach der Heimat

T: Rolf Krenzer M: Peter Janssens

Dm Dm7 G 7 A4 3 Dm C
san - gen froh sie im - mer wie - der, und der Tanz fing
F F B♭ Gm7 9 C4 C3 F F
an, und der Tanz fing an. Lu - ra - lu - ra
C C C C7 F F F
lei, so be - ginnt sie lei - se. Lu - ra -
F C C C C7 F F Gm7 F
lu - ra lei, die - se al - te Wei - se.
B♭ maj7 C4 3 7 Am7 Dm7 Gm7 9
Dreht euch froh im Krei - se. Lu - ra -
C4 3 F F Gm7 F B♭ maj7 C4 3
lu - ra lei. Dass die al - te
Am7 Dm7 Gm7 9 C4 3 F F24 F A4 3
Wei - se nie ver - ges - sen sei.

2. Wenn ich manchmal einsam bin,
kommt das Lied mir in den Sinn,
das das liebste Lied mir war.
Schön war es und wunderbar.
Saßen abends wir zusammen,
einer stimmt' sein Instrument,
spielten wir all unsre Lieder,
sangen froh sie immer wieder,
die dort jeder kennt,
die dort jeder kennt.

3. Wer das Heimweh von euch kennt,
weiß, wie heiß die Sehnsucht brennt.
Doch Geborgenheit und Glück
kommen mit dem Lied zurück.
Sitzen wir nun hier zusammen,
wirst du hier geborgen sein.
Spielen wir all unsre Lieder,
singen froh sie immer wieder,
bist du nicht allein
und stimmst froh mit ein.

Wiederholung:
Lied »So wiegen die Wellen das Boot«
(s. S. 45).

Moderation: Da sind wir schon wieder zu Hause. Und was haben wir gelernt auf unserer Reise um die Welt? Bestimmt so viel, dass wir uns in fremden Sprachen begrüßen und verabschieden können.

Hello und Grüezi!

T: Rolf Krenzer M: Peter Janssens

2. Wir wünschen Guten Morgen,
weil das jeder mag.
Wir wünschen Guten Morgen
und einen guten Tag.

3. Wir sagen uns was Liebes,
müssen wir auch gehn.
Wir sagen uns was Liebes,
und dann auf Wiedersehn!

Refrain:
Servus! Nu pfüat di!
Mach's gut! So long! Ade!
Addio! Sayonara!
Gehab' dich wohl! Olé!
Tschautschau und Güle, güle,
Adieu, musst du schon gehn?
Kiek wedder in! Aloha!
Bye-bye! Auf Wiedersehn!

Moderation: Und auch das haben wir gelernt: Dankbar zu sein für Gottes wunderbare Welt, für seine Schöpfung und alle Geschöpfe, die mit uns auf der Erde leben.
Lasst uns zum Schluss noch gemeinsam das Sternenlied singen.

Es stehen viele Sterne

T: Rolf Krenzer M: Peter Janssens

2. Es leuchten hell die Sterne.
So wird die dunkle Nacht
doch durch das Licht der Sterne
ein wenig hell gemacht.

3. Es waren all die Sterne
von Anfang an schon da.
Es sind dieselben Sterne,
die vor uns jeder sah.

4. Und all die vielen Sterne
als Zeichen zu verstehn,
erklären sie dir gerne.
Du brauchst nur hoch zu sehn!

Erntedankfest

Seht, was wir geerntet haben!

Kleines Spiel zum Erntedankfest

Wir bringen zu dem Lied alles, was wir geerntet haben und wofür wir Gott danken wollen, zum Altar. Die Verse werden gesprochen. Nach den beiden ersten Versen besteht die Möglichkeit, weitere Erntegaben aufzuzählen und zu zeigen.

Alle singen:

Seht, was wir geerntet haben

T: Rolf Krenzer M: Volksgut (russisches Kinderlied)

1. Vers
Ich bringe frisches Obst und Nüsse
und aus dem Garten viel Gemüse.
Hier seht nur, die Tomaten
sind alle gut geraten!

Ergänzungen:
Ich habe Gurken mitgebracht und ich einen dicken Kürbis. Viele Äpfel und Birnen, rote und gelbe Weintrauben, einen dicken Krautkopf! usw.

Alle singen:
Seht, was wir geerntet haben!

2. Vers
Ich schleppe hier hin huckepack
Kartoffeln, einen ganzen Sack!
Aus Mehl haben wir Brot gebacken
und Brötchen, die beim Kauen knacken.

Ergänzungen:
Hier kann alles angefügt werden, was aus Kartoffeln und Mehl hergestellt wird: Kartoffelchips, Reibeplätzchen, Pommes frites, Kuchen, Torten, Plätzchen, Vollkornbrot, Zwieback.

Alle singen:
Seht, was wir geerntet haben!

3. Vers
Aus meinem Garten vor dem Haus
bringe ich einen Blumenstrauß.
Schaut her, wie gut die Ernte war!
Sagt Dank! Es war ein gutes Jahr!

Alle singen:
Seht, was wir geerntet haben!

Spiel zum Erntedankfest

Zwei Kinder halten sich an den Händen und stellen ein Gartentor dar. Sie gehen langsam auseinander, so dass sich das Gartentor öffnet.

Wir sind das Gartentor.

Ein Kind stellt einen Apfelbaum dar.

Ich bin ein Apfelbaum und stehe im Garten.

Das nächste Kind stellt den Wind dar und pustet den Apfelbaum an.

Ich bin der Wind und rüttle an den Zweigen.

Ein weiterer Baum kommt hinzu.

Ich bin der Birnbaum und stehe im Garten.

Die nun auftretende Sonne hält ihre gespreizten Finger strahlenförmig um den Kopf.

Die Sonne scheint auf die Bäume.

Ein dritter Baum kommt hinzu.

Ich bin ein Pflaumenbaum und stehe im Garten.

Mit den Händen wird von dem nächsten Kind das Regnen dargestellt.

Ich bin der Regen und tropfe auf die Blätter.

Ein Kind betritt den Garten und pflückt das Obst von den Bäumen.

Ich bin die Carmen und pflücke das Obst.

Die Mutter kommt mit einer großen Schüssel.

Ich bin die Mutter. Komm, Carmen, wir machen einen Obstsalat!

Carmen bringt der Mutter das Obst, das sie gepflückt hat, und geht mit ihr ab.

Erzähler/in: Alle haben geholfen, damit wir das Obst ernten konnten:
der Garten
der Apfelbaum
der Wind
der Birnbaum
die Sonne
der Pflaumenbaum
der Regen

Erzieher/in benennt die einzelnen Mitspieler oder diese sagen selbst, was sie dargestellt haben.

Alle Kinder stellen sich im Halbkreis auf. Mutter und Carmen kommen hinzu und bringen eine große Schüssel Obstsalat mit.

Carmen: Wir wollen zusammen feiern.

Mutter: Wir danken Gott für die gute Ernte.

Mutter und Carmen beginnen, den Obstsalat auszuteilen.

Das Spiel kann völlig auf alle Requisiten verzichten. Die Bäume können aber auch entsprechende Früchte tragen, die dann von Carmen in einen Korb gelegt und der Mutter gebracht werden.

Erntedankspiel

Wir stehen im Kreis oder im Halbkreis und alle spielen mit:

Wir wollen auf die Felder gehen
und unsre gute Saat aussäen.
Helft alle mit und packt mit an,
dann geht die Arbeit gut voran!

Wir tragen pantomimisch schwere Säcke voll Saatgut, gehen im Kreis herum und streuen die Körner aus. Wir können auch einen Sack in eine Maschine schütten, die wir mit unseren Körpern bauen. Die Maschine sät dann die Körner aus.

Die Saat geht auf und wächst heran.
Das Korn wächst immer höher dann.
Von Tag zu Tag ein bisschen mehr.
Die Ähren werden dick und schwer.

Zuerst liegen wir auf dem Boden, dann strecken wir uns langsam, wachsen und wachsen, bis wir hoch stehen. Mit unseren Händen deuten wir die Ähren an.
Wir legen die Hand an die Stirn und schauen umher.

Der Bauer kommt und sieht sich an,
ob er das Korn bald ernten kann.
Wir wollen Gott froh danke sagen,
weil alle Ähren Körner tragen.

Wir bilden mit unseren Händen über dem Kopf die dicken Ähren voller Körner.

Wir wollen auf die Felder gehen
und jetzt das reife Korn abmähen.
Helft alle mit und packt mit an,
dann geht die Arbeit gut voran!

Wir können einen Mähdrescher darstellen. Wir zeigen mit beiden Händen, wie das Korn abgeschnitten wird. Dann zeigen wir mit den Fingern, wie die Körner in den Sack rieseln.

Jetzt laden wir die Säcke auf.
Der Müller wartet schon darauf.
Helft alle mit und packt mit an,
dann geht die Arbeit gut voran!

Wir binden Säcke zu und laden sie pantomimisch auf den Wagen.

Zur Mühle wird das Korn gebracht
und weißes Mehl daraus gemacht.
Die Mühle mahlt es weiß und fein.
Füllt Mehl jetzt in die Säcke ein!

Wir können alle eine Mühle darstellen, zum Beispiel eine Windmühle. Wir können auch mit unseren Händen Mühlsteine bilden und zeigen, wie sie aufeinander kreisen und reiben und das Korn mahlen.
Dann schütten wir das Mehl in die Säcke und binden sie wieder zu.

Jetzt müsst ihr alle mit anpacken!
Der Bäcker braucht das Mehl zum Backen.
Helft alle mit und packt mit an,
dann geht die Arbeit gut voran!

Wir laden die Säcke wieder auf den Wagen.

Jetzt ist auch schon der Bäcker dran.
Er nimmt das Mehl und knetet dann
den Teig. Wenn alle mit anpacken,
dann können wir das Brot bald backen.

Der Bäcker schöpft mit der Mehlschaufel Mehl auf seinen Backtisch, mischt einen Teig, knetet ihn und formt ein Brot. Wir zeigen das alles pantomimisch. Wir können auch eine Knetmaschine darstellen.

Jetzt wird das Brot schnell aufgehoben
und in den Backofen geschoben.
Und bald ziehn wir es wieder raus.
Wie sieht das Brot so lecker aus!

Wir schieben das Brot in den Backofen und holen es nach einer Weile wieder heraus.

Wir wollen all zum Bäcker laufen
und frisches Brot zum Frühstück kaufen!
Das Brot, es macht uns alle satt.
Dankt Gott, dass jeder etwas hat.

Erzieher/in teilt frisches Brot an alle aus, das wir uns schmecken lassen.

Die Verse des Spiels können von Erzieher/in gesprochen werden. Aber erfahrungsgemäß sprechen die Kinder sie sehr schnell mit. Wir können auch gemeinsam ein Brot backen, das dann später aufgeteilt und gegessen wird.

Aus: Rolf Krenzer, Glauben erlebbar machen. Grundkurs. Verlag Herder, Freiburg, 1. Aufl. d. Neuausgabe 1996.

Sankt Martin

Martin und der Bettler

Spiellied

T: Rolf Krenzer M: Siegfried Fietz

2. Und Martin sah des Bettlers Not.
Er zügelte sein Pferd.
Dann zog er seinen Mantel aus
und teilt' ihn mit dem Schwert.

3. So wärmt ein Stück des Mantels dann
im Schnee den armen Mann.
Und Martin zog das andre Teil
sich selber wieder an.

4. Da wollte Martin nimmermehr
bei den Soldaten sein.
Drum gab er auch sein Schwert zurück
und diente Gott allein.

5. Wer so wie Martin teilt und schenkt,
der wird von Gott geliebt.
Weil er von allem, was er hat,
die Hälfte weitergibt.

Refrain:
Hört's euch an! Seht's euch an!
Und fangt selber damit an!

Aus dem Kreis heraus gestalten die Kinder ein pantomimisches Spiel zu dem Lied. Die in den Strophen enthaltene Handlung lässt sich auch als Schattenspiel darstellen.

Martin und die Gänse

Inhalt:
Als Martin Bischof werden soll, versteckt er sich im Gänsestall. Doch die Gänse verraten ihn durch ihr Geschnatter.
Spiel zum Martinstag, zum Elternabend. Auch als Schattenspiel, Spiel mit Puppen oder Stabfiguren und als Hörspiel möglich.

Es spielen:
Die Mönche Martin, Josephus, Markus und Johannes, weitere Mönche und viele Gänse.

1. Szene

Josephus und Markus sind dabei, große Blumen aus farbigem Papier auszuschneiden (oder große, aus Pappe ausgeschnittene Blumen bunt anzumalen).

Josephus: Das war eine gute Idee, Markus. Wenn wir die Papierblumen auf den Altar in der Kirche stellen, dann leuchtet es wie im Sommer.

Markus: Es sind doch nur Blumen aus Papier.

Josephus: Sie erinnern uns an die schönen Blumen, die wir im Sommer hatten. Jetzt, wenn es Winter wird.

Markus: Gibst du mir mal die Blumen, die noch neben dir liegen? Ich will sie in diese Vase stellen.

Josephus: Du, Markus, kennst du den Mann dort?

Markus: Wo?

Josephus: Dort! Er kommt den Weg herauf, der zum Kloster führt. Er kommt direkt auf uns zu.

Markus: Ein Mönch wie wir. Aber ich habe ihn noch nie gesehen.

Josephus: Ich kenne ihn auch nicht.

Der fremde Mönch kommt näher. Er geht auf einen Stock gestützt. Offenbar hat er einen weiten Weg hinter sich.

Johannes: Grüß Gott, Brüder!

Josephus und Markus: Grüß Gott!

Johannes: Ein weiter Weg ist es zu eurem Kloster! Ich bin Johannes und möchte zu Bruder Martin. Könnt ihr mir sagen, wo ich ihn finde?

Markus: Oh, wir haben zwei Brüder, die Martin heißen.

Josephus: Vielleicht meinst du den alten Bruder Martin. Er kennt jedes Kraut und jede Blume mit Namen. Wenn einer von uns krank ist, muss Bruder Martin helfen. Dabei ist er nun schon fast neunzig Jahre alt.

Johannes: Nein, der kann es nicht sein!

Markus: Dann kannst du nur den anderen meinen. Er war früher einmal Soldat.

Johannes: Genau den meine ich! Er hat doch einmal seinen halben Mantel einem armen Mann geschenkt. Und dieser arme Mann soll Jesus selbst gewesen sein.

Josephus: Frag ihn besser nicht danach. Er spricht nicht gern davon.

Markus: Er ist so bescheiden! Wir können alle nur von ihm lernen.

Johannes: Er wird unser neuer Bischof werden!

Josephus: Bischof?

Markus: Wenn das einer verdient, dann nur er, unser Bruder Martin. Komm, wir führen dich zu ihm.

Johannes: Morgen schon kommen ehrwürdige Herren der Kirche. Und übermorgen werden sie ihn in der Kirche zum Bischof weihen.

Josephus: Er wird staunen! Jetzt komm schnell, damit du ihm das alles selbst sagen kannst!

Johannes: Ich helfe euch, die Blumen hineinzutragen.

Sie gehen alle drei ab.

2. Szene

Fünf (oder mehr) Mönche sind dabei, einen Tisch (den Altar) und den ganzen Raum mit Blumen und Zweigen und Tüchern zu schmücken.

1. Mönch: So, jetzt sind wir bald fertig!

2. Mönch: So viele Blumen!

3. Mönch: Das hätten Bruder Josephus und Bruder Markus nie allein geschafft!

4. Mönch: Es soll aber auch eine ganz besondere Feier werden!

5. Mönch: Sie sind schon da, die hohen Herren der Kirche!

1. Mönch: Die Bischöfe und Erzbischöfe.

2. Mönch: Nur Bruder Martin nicht, der nachher zum Bischof geweiht werden soll.

3. Mönch: Haben sie ihn immer noch nicht gefunden?

4. Mönch: Bruder Markus und Bruder Josephus suchen ihn schon seit gestern.

5. Mönch: Seit er es erfahren hat, ist er verschwunden.

1. Mönch: Seit heute Morgen suchen sie mit vierzig Mönchen nach ihm.

2. Mönch: Er kann doch nicht einfach davonlaufen!

3. Mönch: Er will nicht Bischof werden.

4. Mönch: Er hält sich nicht für gut genug.

5. Mönch: Nicht für würdig.

1. Mönch: Wenn einer wirklich würdig ist, dann nur er!

2. Mönch: Und wenn sie ihn nicht finden?

3. Mönch: Sie suchen das ganze Kloster ab, sogar die Ställe und den Wald.

4. Mönch: Horcht nur! Was ist das?

3. Szene

Wildes Gänsegeschnatter und Geschrei im Hintergrund.

Mönche *(durcheinander):*
Wir haben ihn gefunden! Ja, da ist er! Endlich! Überall haben wir gesucht! Jetzt haben wir ihn endlich gefunden. Wo war er? Wo hat er gesteckt? Wo hat er sich versteckt? Seht ihr das nicht? Hört ihr das nicht? Wir hätten ihn nie gefunden! Niemals im Leben! Die Gänse haben ihn verraten! War er im Gänsestall? Ja, im Gänsestall! Die Gänse haben es mit der Angst zu tun gekriegt. Sie haben geschnattert und geschrien.

Gelächter und gleichzeitig Gänseschnattern.

Ein Mönch versteckt sich im Gänsestall! Ein Bischof im Gänsestall! Hört nur, jetzt lachen die Gänse auch!

Stimme Martins: Lasst mich los! Ich gehe ja freiwillig mit!

Aus dem Hintergrund wird Martin herangeführt.

Martin: Ja, lasst mich los! Ich laufe bestimmt nicht mehr weg.

Markus: Wir freuen uns alle so, dass du Bischof wirst!

Josephus: Wir wünschen es uns so sehr.

Johannes: Kein anderer soll unser neuer Bischof sein!

Martin: Ich bin nicht würdig!

Markus: Das weiß Gott allein!

Martin: Ich verdiene es nicht!

Josephus: Und wenn Jesus es so will?

Johannes: Selbst die Gänse haben es gewusst. Hätten sie dich sonst verraten?

Martin: Es sind eben Gänse!

Johannes: Da kommen die Erzbischöfe und Bischöfe. Komm mit, wir wollen sie begrüßen.

Sie gehen alle ab. Wer will, kann auch die geistlichen Würdenträger am Schluss noch auftreten lassen. Markus und Josephus bleiben zurück und blicken sich um.

Josephus: Sieh doch nur, wie schön alles geschmückt ist! Unsere Idee war wirklich gut! Was willst du mit den beiden Blumen?

Markus: Es sind die schönsten!
Wir schenken sie Martin, wenn er Bischof geworden ist.

Markus gibt Josephus eine Blume. Dann gehen beide langsam ab.

Aus: Rolf Krenzer, Winterzeit – Kinderzeit. Verlag Ernst Kaufmann, Lahr.

Nikolaustag

Brot für alle Hungrigen

Ein Spiel um den heiligen Nikolaus

Mitspieler/innen:
2 Erzähler (Sprecher). Sie können frei sprechen oder ihren Text vorlesen. Bischof Nikolaus, die hungrigen Menschen von Myra, der Müller, der Bäcker, die fremden Seeleute.

Spieldauer:
25 bis 30 Minuten.

Bühnenbild:
An dem Spiel können sich beliebig viel Mitspieler beteiligen. Die Spieler, die die hungrigen Menschen von Myra darstellen, stehen in einem großen Halbkreis, der nach vorn geöffnet ist. Die beiden äußeren Spieler links und rechts des Halbkreises sind der erste und zweite Sprecher. Bischof Nikolaus steht ebenfalls in diesem Halbkreis. Er steht ganz hinten in der Mitte. Müller und Bäcker stehen links und rechts unter den Mitspielern. Die Seeleute treten erst in der zweiten Szene auf. Sie kommen von außen in den Halbkreis hinein. Der Halbkreis bildet die Bühnenbegrenzung, in deren Mittelpunkt dann die einzelnen Szenen spielen. Wenn das Brot verteilt wird, kann jeder Mitspieler aus dem Halbkreis herausgehen und auf die Gemeinde, auf die Zuschauer zugehen und Brot verteilen, so dass alle in das Geschehen einbezogen werden. Hierbei wird von allen gemeinsam das Lied vom Brotteilen gesungen. Danach treten die Spieler wieder in den Halbkreis zurück.
Auch dann, wenn am Ende des Spiels die Kerzen angezündet werden, zünden zunächst die Spieler im Halbkreis ihre Kerzen an. Sie tragen dann das Licht weiter in die Gemeinde bzw. den Zuschauerraum.
Das Brotteilen und das Kerzenanzünden kann auf die Mitspieler beschränkt bleiben, es kann aber auch die gesamte Gemeinde einbezogen werden. Die jeweilig praktizierbare Form muss bei der Vorbereitung des Spiels berücksichtigt werden, da entsprechende Vorräte an Brot und Kerzen vorhanden sein müssen.

Requisiten und Kostüme:
Die Seeleute bringen gefüllte Kornsäcke. Diese Säcke sollten prall gefüllt mit Papier oder anderem Material sein. In einem Sack sollte obenauf ein kleiner Beutel mit Korn liegen, damit der Sack geöffnet und das Korn den Zuschauern gezeigt werden kann.
Beim Brotverteilen können Brötchen ausgeteilt werden. Von einem großen Laib Brot können auch Stücke für jeden abgebrochen werden. Es eignen sich hierfür französische Weißbrote, Hefezöpfe, aber auch dunkle Mischbrote. Um das Abbrechen zu erleichtern, kann man vorher mit dem Brotmesser fingerdicke Scheiben einschneiden, die beim Spiel nur abgebrochen werden müssen.
Es können rote und weiße Kerzen verwendet werden, die aber durch einen Pappteller, eine Untertasse, eine Tasse oder einen Becher gegen das Tropfen abgesichert sind. Auch Windlichter usw. lassen sich verwenden. Besonders im Hinblick auf jüngere Kinder brauchen nur einzelne Kerzen angezündet zu werden.
Die Spieler im Halbkreis benötigen keine besonderen Kostüme. Lediglich Bäcker und Müller können durch weiße Schürzen, weiße Hosen, Bäckermütze usw. kenntlich gemacht werden. Die Seeleute tragen eine Schiffermütze oder Gummistiefel, Regenumhänge oder blaue Trainingsanzüge. Der Bischof Nikolaus kann einen farbigen Umhang tragen, er kann auch mit den Zeichen seiner Bischofswürde (Bischofsstab usw.) ausgestattet sein.

Spieltext

1. Szene

Die Spieler/innen stehen im Halbkreis.

1. Spieler/in: Mutter, ich habe Hunger!

2. Spieler/in: Mutter, ich habe Hunger!

Lange Pause.

1. Spieler/in: Mutter, ich habe Hunger!

2. Spieler/in: Mutter, ich habe Hunger!

3. Spielerin: Ich habe kein Brot mehr.
Es ist alles aufgebraucht.
Es ist alles aufgegessen!

1. Spieler/in: Mutter, ich habe Hunger!

2. Spieler/in: Mutter, ich habe Hunger!

3. Spielerin: Ich kann euch nichts geben!
Wir haben nichts mehr!

4. Spieler/in: Vater, nur ein Stückchen Brot!

Lange Pause.

4. Spieler/in: Vater, nur ein Stückchen Brot!

5. Spieler: Es ist alles aufgegessen!

4. Spieler/in: Vater!

5. Spieler: Ich habe auch Hunger.
Es ist kein Brot mehr da.
Für dich nicht. Und für mich nicht!

6. Spieler/in: Hunger!

7. Spieler/in: Ich habe Hunger!

8. Spieler/in: Wir haben Hunger!

3. Spielerin: Es ist kein Brot mehr da.
Es ist alles aufgebraucht.
Es ist alles aufgegessen.

1. Sprecher/in:	In Myra leiden die Menschen Not. Es war kein gutes Jahr. Es hat geregnet Tag und Nacht. Nacht und Tag. Es regnete im Frühjahr und im Sommer. Die wenigen sonnigen Tage reichten nicht aus, um das Korn reifen zu lassen. Das Getreide verfaulte auf den Feldern. Als die Bauern das Korn einbringen wollten, fanden sie fast nichts. Und die Vorräte vom letzten Jahr waren beinahe aufgebraucht.
2. Sprecher/in:	Kein Korn, kein Brot! Die Bauern haben kein Korn heimgebracht. Da kann die Mühle nicht mahlen. Und ohne Mehl können wir kein Brot backen. In Myra leiden die Menschen Not.
1. Spieler/in:	Mutter, ich habe Hunger!
4. Spieler/in:	Vater, nur ein Stückchen Brot!
2. Spieler/in:	Mutter, kauf uns etwas zu essen!
6. Spieler/in:	Vielleicht hat der Nachbar noch etwas Brot. Vielleicht gibt er uns etwas ab.
7. Spieler/in:	Vielleicht hat der Müller noch etwas Mehl, um Brot zu backen. Nur ein kleines Brot! Nur ein winziges Brot! Nur ein kleines Stück! Ein winziges Stück!
8. Spieler/in:	Warst du noch einmal beim Bäcker?
1. Spieler/in:	Mutter, ich habe Hunger!
3. Spielerin:	Es ist alles aufgegessen. Der Müller hat kein Mehl mehr. Und der Bäcker hat kein Brot mehr. Die Läden sind leer.
5. Spieler:	Auch der Nachbar hat nichts mehr, was er geben könnte. Auch der Nachbar hat Hunger. Er und seine Frau und seine Kinder. Es ist kein Brot mehr da. Für dich nicht. Für mich nicht. Für keinen von uns.
1. Sprecher/in:	In Myra leiden die Menschen Not. In Myra haben die Menschen Hunger.

2. Sprecher/in: Die Alten und die Jungen, Erwachsene und Kinder. Die Ernte war schlecht, und die Vorräte sind aufgebracht. Da gibt es nichts mehr, was den Hunger stillt.

1. Sprecher/in: Da gibt es nur noch Not und Leid, nur noch Trauer und Verzweiflung. Da gibt es keine Hoffnung mehr!

2. Sprecher/in: Die Kinder weinen vor Hunger. Und ihre Eltern weinen, weil sie ihren Kindern nichts zu essen geben können. Und sie haben selbst solchen Hunger.

9. Spieler/in: Wir werden alle vor Hunger sterben. Verhungern werden wir, verhungern!

1. Spieler/in: Mutter, ich habe Hunger!

9. Spieler/in: Wir werden alle verhungern; denn Gott hat uns verlassen!

4. Spieler/in: Vater, nur ein Stückchen Brot!

9. Spieler/in: Es ist kein Brot mehr da. Nichts mehr, was den Hunger stillt. Gott hat uns verlassen! Ja, Gott hat uns verlassen!

10. Spieler/in: Gott hat uns verlassen! Ja, so wird es sein.
Sonst brauchten wir nicht zu hungern. Sonst hätten unsere Kinder Brot!

3. Spielerin: Warum lässt Gott es zu, dass wir verhungern?

5. Spieler: Gott ist nicht mehr da! Wir haben kein Korn, um Mehl zu mahlen. Wir haben kein Mehl, um Brot zu backen.

9. Spieler/in: Gott hat uns verlassen. Merkt es nicht jeder von euch? Gott hat uns verlassen!

10. Spieler/in: Deshalb haben wir kein Korn. Deshalb haben wir kein Mehl. Deshalb haben wir kein Brot.

5. Spieler: Gott hat uns verlassen.

Nikolaus: Was redet ihr da?

3. Spielerin: Seid still! Vielleicht kann uns der Bischof helfen.

5. Spieler: Hört, was uns der Bischof sagen will! Bischof Nikolaus, hast du Brot für uns?

2. Spieler/in: Bischof Nikolaus, ich habe Hunger!

4. Spieler/in: Bischof Nikolaus, nur ein Stückchen Brot!

Nikolaus: Ich habe so viel Brot wie jeder von euch, nämlich nichts. Und ich habe so viel Hunger wie ihr alle. Seit Tagen habe ich auch nichts mehr gegessen.

3. Spielerin: Das ist wahr! Sein letztes Brot hat er meinen Kindern gegeben. Und das war gestern vor zwei Tagen.

10. Spieler/in: Gott hat uns verlassen. Gott hat auch unseren Bischof verlassen. Deshalb müssen wir alle vor Hunger sterben.

Nikolaus: Das ist nicht wahr! Ich weiß, dass es nicht wahr ist! Gott hat uns nicht verlassen! Gott wird uns helfen! Er wird uns bestimmt helfen!

9. Spieler/in: Wie soll Gott uns helfen? Er hat uns ein schlechtes Jahr geschickt. Er hat nichts auf unseren Feldern wachsen lassen.

Nikolaus: Ich weiß, dass Gott uns nicht verlassen hat. Ich weiß auch, dass er uns hilft, wenn wir ihn darum bitten.

5. Spieler: Ich habe so oft um Brot gebetet. Nichts hat Gott mir gegeben. Nur Hunger!

3. Spielerin: Gott hört nicht, wenn wir ihn um Brot bitten. Jeder von uns hat sich in seiner Verzweiflung an Gott gewandt. Jeder von uns hat gebetet: »Gott, gib uns zu essen!« Nicht nur einmal, sondern jeden Tag, jeden Morgen und jeden Abend und immer dann, wenn unsere Kinder vor Hunger weinten.

9. Spieler/in: Nein! Gott hat uns verlassen! So kann es nur sein!

2. Spieler/in: Mutter, ich habe Hunger!

Nikolaus: Betet mit mir! Betet mit mir zu Gott, dass er uns hilft! Kniet nieder und bittet Gott um Brot!

Der Bischof kniet nieder und beginnt mit einem stillen Gebet.

10. Spieler/in: Ich kann nicht mehr beten. Nein, ich kann es nicht mehr.

Bleibt stehen und schlägt die Hände vors Gesicht.

3. Spielerin: Gott, wenn du uns lieb hast, dann lass uns nicht verhungern!

Kniet schweigend und betet.

5. Spieler: Gott, gib uns wenigstens Brot für unsere Kinder! Gott, sei barmherzig mit uns! Hilf uns!

Kniet ebenfalls. Nach und nach beginnen immer mehr zu beten. Sie knien schweigend. Es bleiben aber auch einige stehen, die nicht beten, sondern verzweifelt ihre Hände vor ihr Gesicht halten.

Nikolaus betet laut:

Vater im Himmel,
dein Sohn Jesus hat uns gesagt,
wir können uns immer an dich wenden,
wenn wir in Not sind.
Vater im Himmel,
wir sind in großer Not.
Wir haben Hunger.
Gott, hilf uns, wir haben Hunger!

Alle, die mit ihm beten:

Gott, hilf uns, wir haben Hunger!

1. Sprecher/in: Die Menschen von Myra bitten mit ihrem Bischof Gott um Hilfe.

2. Sprecher/in: Und die, die nicht beten können, weil sie denken, dass Gott sie verlassen hat, stehen da und warten. Sie zweifeln und hoffen doch, dass Gott ihnen Hilfe schickt.

Nikolaus und alle, die mit ihm beten:

Gott, hilf uns, wir haben Hunger!

2. Szene

Aus der Ferne ertönt ein Horn. Der/die 9. Spieler/in, der/die nicht mitbetet, lässt die Hände vom Gesicht herunter fallen und blickt wie erstarrt in die Richtung, aus der das Horn ertönte.

9. Spieler/in: Was war das? Habt ihr das gehört?
Sagt, was war das?

Nikolaus und die anderen beten still weiter.

9. Spieler/in: Ihr müsstet es doch auch gehört haben!

Das Horn ertönt erneut.

Der/die 10. Spieler/in, der/die gegenüber steht und auch nicht betet, lässt die Hände vom Gesicht sinken, lauscht.

10. Spieler/in: Ein Schiff läuft in den Hafen ein!

Reckt sich hoch, um weit sehen zu können.

Ein fremdes Schiff. Es liegt tief im Wasser.
Es muss voll beladen sein!

9. Spieler/in: Ja, wirklich! Ich kann es ganz deutlich sehen. Jetzt setzt es die Anker. Es macht in unserem Hafen fest!

10. Spieler/in: Da kommen Leute an Land. Die sehen nicht aus, als ob sie Hunger haben.

9. Spieler/in wendet sich zu den anderen:

Hallo, ihr da! Seht doch, dort hat ein fremdes Schiff festgemacht! Steht auf! Seht es euch an! Ein schönes Schiff! Ein stolzes Schiff!

10. Spieler/in: Schwer beladen ist das fremde Schiff!

Nach und nach erheben sich die Menschen von der Erde. Auch der Bischof steht auf.

3. Spielerin: Vielleicht hat es Lebensmittel an Bord. Lebensmittel, damit wir alle satt werden!

Alle Spieler schauen dort hin, wo das Schiff sein muss, und rufen und schreien durcheinander:

Ein Schiff!
Voll beladen!
Ein fremdes Schiff!
Vielleicht ein Schiff voller Brot!
Ein Schiff voller Lebensmittel!
Seht nur, wie schwer beladen es ist!
Ein Schiff, das uns Hilfe bringt!
Wir brauchen nicht mehr zu hungern!
Wir sind gerettet!

10. Spieler/in: Seht nur, die Seeleute kommen auf uns zu!

9. Spieler/in: Seht, wie sie sich beeilen! Seht, wie sie laufen! So läuft niemand, der Hunger hat.

5. Spieler: Aber ihre Hände sind leer. Sie tragen kein Brot auf ihren Armen.

Nikolaus tritt vor und geht an den äußeren Rand des Halbkreises, so dass er den Seeleuten, die nun von der anderen Seite kommen, gegenübersteht:

Nikolaus: Seid gegrüßt, ihr Fremden!

Seeleute: Wir grüßen dich, Bischof Nikolaus von Myra!

Nikolaus: Wo kommt ihr her und was treibt euch nach Myra?

1. Seemann: Seit vielen Tagen sind wir über das Meer gefahren. Jetzt ist uns das Trinkwasser ausgegangen. Wir hoffen, dass ihr uns erlaubt, aus euren Brunnen frisches Wasser zu schöpfen!

Nikolaus: Ihr könnt von dem Wasser nehmen, so viel ihr braucht. Doch sagt, was habt ihr geladen?

2. Seemann: In unserem Land herrscht eine große Hungersnot. Deshalb hat uns unser Herr übers Meer geschickt, um Korn einzukaufen.

3. Seemann: Er hat uns viel Geld mitgegeben. Und wir haben alles Geld gebraucht. In schlechten Zeiten ist das Korn teuer. Aber jetzt ist unser Schiff voll beladen.

4. Seemann: Zu Hause warten sie auf uns. Sie warten und beten, dass wir schnell und heil wieder nach Hause kommen.

1. Seemann: Bei uns zu Hause müssen alle hungern. Sie warten, dass wir endlich das Korn für Brot bringen.

2. Seemann: Teures Korn für teures Brot. Aber wir werden satt davon werden.

1. Spieler/in: Mutter, ich habe Hunger!

2. Spieler/in: Mutter, ich habe Hunger!

4. Spieler/in: Vater, nur ein Stückchen Brot!

6. Spieler/in: Hunger!

7. Spieler/in: Ich habe Hunger!

8. Spieler/in: Wir haben Hunger!

Nikolaus: Hört ihr, sie schreien vor Hunger! Unsere Ernte war schlecht und die Vorräte sind aufgebraucht. Seit Tagen haben wir nichts mehr zu essen. Unsere Kinder weinen vor Hunger. Wenn ihr ein Herz habt, dann helft uns! Lasst uns nicht verhungern!

Alle schreien durcheinander:

Gebt uns von eurem Korn!
Wir haben Hunger!
Gebt uns nur ein paar Säcke voll!
Seht doch, wie schlecht es uns geht!
Wir sterben vor Hunger!
Gebt uns Korn!
Gebt uns Brot!
Helft uns!
Helft uns doch!

3. Seemann: Wir würden euch gern helfen! Aber unsere Leute zu Hause warten auf uns. Sie hungern ebenso wie ihr! Nein, lasst uns fahren! Wir können euch nichts geben! Es tut uns selber Leid.

10. Spieler/in: Wenn ihr uns nichts gebt, dann nehmen wir es uns!

9. Spieler/in: Wir sind mehr als ihr. Und der Hunger gibt uns Kraft. Wir nehmen es mit euch auf!

10. Spieler/in: Packt sie! Haltet sie fest! Wir laufen zu ihrem Schiff und nehmen ihnen das Korn weg!

Der Halbkreis zieht sich drohend um die Seeleute zusammen. Fäuste ballen sich, Hände strecken sich in die Höhe.

Nikolaus: Halt! Lasst sie in Ruhe! Geht auseinander!

Er geht langsam und ruhig auf die Seeleute zu. Sie Spieler/innen weichen zurück und stehen endlich wie zum Beginn im weiten Halbkreis.

Habt keine Angst! Es wird euch nichts geschehen! Wir werden euch auch nicht berauben.

4. Seemann: Wir vertrauen dir, Bischof Nikolaus!

Nikolaus: Die Leute, die hier stehen, haben genug Geld, um Korn zu kaufen. Aber wenn es kein Korn gibt, da nutzt auch das Geld keinem etwas. Könnt ihr uns nicht ein paar Säcke von eurem Korn abgeben? Wir werden es euch gut bezahlen!

3. Spielerin: Wir werden euch viel mehr Geld geben, als ihr für das Korn bezahlt habt.

5. Spieler: Wir werden euch zu reichen Leuten machen!

9. Spieler/in: Verkauft uns nur ein paar Säcke von eurem Korn.

Nikolaus: Nur ein paar Säcke Korn, damit wir nicht verhungern!

1. Seemann: Mir tun die Leute so Leid!

2. Seemann: Ich würde so gern etwas abgeben, aber es gehört uns nicht!

3. Seemann: Sie warten zu Hause auf uns. Meine Frau und meine Kinder hungern auch. Sie warten auf das Korn, das wir mitbringen.

4. Seemann: Nein, wir können euch nichts geben!

Nikolaus: Seht doch nur die Leute an! Seht, wie hungrig diese Kinder sind! Habt ihr kein Mitleid mit uns?

1. Seemann: Unser Herr wird meinen, wir hätten ihn bestohlen!

2. Seemann: In schlechten Zeiten wird mancher schnell zu einem Dieb!

3. Seemann: Er wird uns nicht glauben!

4. Seemann: Er wird uns schwer bestrafen!

1. Seemann: Ins Gefängnis wir er uns werfen!

2. Seemann: Wie Verbrecher werden sie uns behandeln!

3. Seemann: Sie warten auf uns. Sie warten auf das Korn. Sie haben alle Hunger!

4. Seemann: Nein, wir dürfen euch nichts geben!

Nikolaus: Ich bitte euch noch einmal um Jesu Christi Willen: Helft uns! Helft diesen armen Menschen. Gebt uns nur ein paar Säcke ab! Nur ein paar Säcke voll Korn, damit wir Brot backen können. Wir sterben sonst vor Hunger!

1. Seemann: Es tut mir so weh, wenn ich euch ansehe. Glaubt mir, wir würden euch so gern etwas abgeben. Aber wir haben Angst. Angst vor dem, was geschehen wird, wenn wir mit weniger Korn nach Hause kommen!

2. Seemann: Ja, wir haben Angst. Wenn wir euch das Korn geben, brauchen wir überhaupt nicht mehr nach Hause zu kommen!

Nikolaus: Und wenn ich euch verspreche, dass ihr keine Angst zu haben braucht?

3. Seemann: Das Wort des Bischofs in Ehren! Aber was nützt es in so schweren Zeiten wie diesen?

4. Seemann: Schließlich ist es der Bischof Nikolaus. Und der Bischof Nikolaus ist bekannt in unserem Land. Wenn wir sagen, dass Bischof Nikolaus uns um das Korn gebeten hat ...

Nikolaus: Ich verspreche euch, dass ihr keine Angst zu haben braucht! Es wird euch nämlich kein einziges Korn in euren Säcken fehlen!

Pause. Die Seeleute stehen wie erstarrt und blicken den Bischof verwundert an.

Nikolaus: Ihr habt mich richtig verstanden! Ihr gebt uns das Korn. Und es wird euch bei eurer Heimkehr kein einziges Korn fehlen!

1. Seemann: Das glaube ich nicht!

2. Seemann: Das kann ich nicht glauben!

3. Seemann: Aber schließlich sagt es doch ein Bischof!

4. Seemann: Bischof Nikolaus.

3. Seemann: Wenn das Versprechen eines Bischofs nichts mehr gilt ...

4. Seemann: Wenn der Bischof Nikolaus nicht hält, was er verspricht ...

Nikolaus: Euch wird kein einziges Korn fehlen!

Zunächst bleiben die Seeleute noch zweifelnd und unschlüssig stehen, sprechen leise miteinander, beraten sich.

1. Seemann: Bischof Nikolaus, wir vertrauen dir! Auf, Leute, packt mit an! Holt die Kornsäcke vom Schiff! Backt Brot, damit ihr satt werdet!

Müller: Ich kann in jedem Arm einen Sack tragen. Steht nicht länger hier herum! Beeilt euch, Leute! Packt mit an!

Bäcker: Wenn das Korn gemahlen ist, werde ich das Brot backen. Ich laufe schon heim und heize den Ofen an. Bald gibt es Brot für alle! Frisches Brot für alle!

1. Spieler/in: Mutter, ich habe Hunger!

3. Spielerin: Es wird Brot geben! Brot für uns alle!

4. Spieler/in: Vater, nur ein Stückchen Brot!

5. Spieler: Ein ganzes Brot wirst du bekommen. Brot, das unseren Hunger stillt!

1. Sprecher/in: Da laufen die Leute zu dem Schiff und tragen die prall gefüllten Kornsäcke herunter. Und die Seeleute helfen ihnen dabei. Einen Sack nach dem anderen schleppen sie herbei und bringen ihn zur Mühle.

Der/die 9. Spieler/in kommt mit einem Sack, stellt ihn mitten auf der Bühne ab, öffnet ihn, greift hinein und lässt die Körner aus der Hand zurück in den Sack rieseln:

9. Spieler/in: Korn für Brot! Brot, das den Hunger stillt!

2. Sprecher/in: Der Müller mahlt, so schnell er nur kann. Seht, schon kommen die ersten Mehlsäcke aus der Mühle. Da bringen sie das frisch gemahlene Mehl zum Bäcker. Und der Backofen ist schon heiß. Bald wird das erste Brot gebacken sein.

Wieder eilen die Leute mit den schweren Säcken über die Bühne. Bischof Nikolaus hat während des Herumrennens im Hintergrund der Bühne gestanden. Als sich nach und nach der Halbkreis wieder aufstellt, stellt er sich in die Mitte.

Nikolaus: Bringt die leeren Säcke zu mir. – Ja, einen nach dem anderen. – Legt sie hier hin.

Auch die Seeleute kommen wieder. Nikolaus geht auf sie zu, ergreift die leeren Säcke und gibt sie ihnen.

Nikolaus: Wir danken euch von ganzem Herzen. Jetzt werden alle Menschen in Myra satt werden. Nehmt die leeren Säcke mit auf euer Schiff und vertraut auf das, was ich euch versprochen habe!

1. Seemann: Es wird kein einziges Korn bei unserer Heimkehr fehlen?

2. Seemann: Kein einziges Korn?

Nikolaus: Bei Gott, kein einziges Korn!

Er reicht den Seeleuten die Hand, sie nehmen die Säcke und gehen zögernd davon. Der Bischof winkt ihnen nach und lächelt ihnen zu.

Nikolaus: Habt keine Angst! Es ist euch versprochen!

3. Szene

Der Bäcker kommt mit dem ersten Brot.

Bäcker: Das erste Brot ist fertig! Kommt her! Greift zu! Teilt euch das Brot! Gebt jedem ab, der hungrig ist!

1. Spieler/in: Mutter, ich habe Hunger!

2. Spieler/in: Mutter, ich habe Hunger!

3. Spielerin: Hier ist Brot! Genug für uns alle.

Die Spieler/innen beginnen, einander das Brot auszuteilen. Sie brechen das Brot, teilen miteinander und essen. Sie gehen von der Bühne hinunter und zu der Gemeinde/den Zuschauern, teilen das Brot, und alle haben zu essen.

1. Sprecher/in: So endet die Legende damit, dass in der Stadt Myra alle Menschen satt wurden. Die Alten und die Jungen, die Erwachsenen und die Kinder. Die Hungersnot war zu Ende. Es gab jetzt genug Vorräte, so dass man die neue Ernte abwarten konnte. Und die neue Ernte wird neues Korn bringen. Korn für Korn, das den Hunger stillt.

2. Sprecher/in: Und noch etwas muss berichtet werden: Als die Seeleute nach Hause kamen, da war ihr Schiff wieder voll beladen. Sie brachten den Menschen in ihrem Land das Korn, das sie notwendig für ihr Brot brauchten. Und auch dort wurden alle Leute satt.
Nicht ein einziges Korn aus ihrer Ladung fehlte.
Bischof Nikolaus hatte sie nicht belogen.

Nikolaus geht während dieses Berichts langsam aus dem Kreis heraus und ab.

Alle singen:

Es fährt ein Schiff nach Myra
Legendenlied

T: Rolf Krenzer M: Martin Göth

2. Das Schiff ist voll beladen,
beladen, beladen
mit frischem Korn für Brot.
Ach, helft uns in der Not!

3. Die Schiffer wollen leider
gleich weiter, gleich weiter.
Das Korn ist längst bestellt
und jeder Sack gezählt.

4. »Gott hilft euch und den Armen,
den Armen, den Armen!«,
sagt Bischof Nikolaus.
»Drum teilt hier alles aus!

5. Kommt ihr nach dieser Pause
nach Hause, nach Hause,
seht ihr, dass keiner fehlt,
wenn ihr die Säcke zählt.«

6. Sie teilen das Getreide,
Getreide, Getreide
nun an die Armen aus.
Und es wird Brot daraus.

7. Als weiter sie gefahren,
gefahren, gefahren,
fuhr schnell das Schiff daher,
denn es war leicht und leer.

8. Doch als sie heimgekommen,
gekommen, gekommen,
wie man's auch wiegt und zählt,
da hat kein Korn gefehlt!

9. Sagt, ist das nicht ein Wunder,
ein Wunder, ein Wunder,
als Nikolaus fürwahr
in Myra Bischof war?

1. Spieler/in: Das, was ihr hier gesehen und gehört habt, ist vor langer Zeit geschehen.

2. Spieler/in: Aber an den Bischof Nikolaus erinnern wird uns noch heute.

3. Spielerin: Am 6. Dezember feiern wir in jedem Jahr den Tag des heiligen Nikolaus.

4. Spieler/in: Er hat damals den hungrigen Kindern geholfen. Heute werden die Kinder noch in seinem Namen beschenkt.

5. Spieler: Die Kinder stellen Schuhe und Stiefel vor die Tür.

6. Spieler/in: In meinem Schuh habe ich einmal Plätzchen und Schokolade gefunden.

7. Spieler/in: In meinen Stiefeln waren Äpfel, Apfelsinen und Lebkuchen.

8. Spieler/in: Die Großen sagen: »Das hat der Nikolaus hinein getan.«

9. Spieler/in: Ja, an den heiligen Nikolaus erinnern wir uns alle gern.

10. Spieler/in: Er hat ein Licht angezündet. Das Licht, das für den andern brennt. Das Licht macht hell und warm. Es leuchtet in unseren Augen. Es wärmt unser Herz.

Einst herrscht' in Myra Hungersnot
Spiellied

T: Rolf Krenzer M: Siegfried Fietz

2. Schon lang sind die Geschäfte leer.
Es gibt doch nichts zu kaufen mehr.
Die Kind schreien laut nach Brot.
Es geht um Leben oder Tod.
Wofür will Gott uns strafen?
Da kommt ein Schiff zum Hafen.
Da heißt es: »Bischof Nikolaus,
Gott hält, was er verspricht!
Er hilft uns aus der Not heraus!
Seht, Gott vergisst uns nicht!«

3. Es legt das Schiff am Hafen an.
Da sieht es gleich ein jeder Mann:
Es ist bis oben hin gefüllt
mit Korn für Brot, das Hunger stillt.
Doch nichts wird abgegeben!
Kein Korn zum Überleben!
Selbst als der Bischof Nikolaus
mit den Matrosen spricht,
da rücken sie kein Korn heraus.
Sie dürfen es ja nicht!

4. Kommt ohne Korn das Schiff nach Haus,
ist es mit den Matrosen aus.
Dann heißt es nämlich ganz geschwind,
dass die Matrosen Diebe sind!
»Matrosen, habt Erbarmen!
Gott hilft euch und den Armen!
Teilt alles aus«, sagt Nikolaus.
»Wenn ihr die Säcke zählt,
so wird es sein bei euch zu Haus,
dass euch kein Körnchen fehlt!«

5. So glauben sie dem Bischof dann.
Schon packen die Matrosen an
und laden gleich die Säcke aus
und teilen Korn an alle aus.
So bringt man voller Freude
zum Müller das Getreide.
»Matrosen!«, sagt nun Nikolaus.
»Seht, euer Schiff ist leer!
Doch bringt ihr euer Schiff nach Haus,
dann ist es voll und schwer!«

6. Aus Korn wird Mehl. Aus Mehl wird Brot.
Da ist vorbei die Hungersnot.
Das Schiff fährt weiter übers Meer.
Es fährt sehr schnell, so leicht und leer.
Doch als sie wieder landen,
ist alles Korn vorhanden.
Jetzt nehmt die Säcke! Wiegt und zählt
und rechnet alles aus!
Es hat kein einz'ges Korn gefehlt!
Dank, Bischof Nikolaus!

So weiß der Bischof Nikolaus:
Gott ist uns immer nah.
Er hilft uns aus der Not heraus.
Ja, Gott ist immer da!

Eine der bekanntesten Nikolauslegenden wird hier in einem Spiellied so aufbereitet, dass sie pantomimisch in kleinen Szenen gestaltet werden kann. Das Lied kann von einer Gruppe gesungen und musikalisch begleitet, von einer zweiten kann dazu gespielt werden. Man kann auch das Lied mit den Kindern erarbeiten und dann auf eine Kassette aufnehmen und zu dem Spiel einsetzen. Das Lied kann auch direkt von der Kassette zu einem pantomimischen Spiel, zu einem Schattenspiel oder einem Spiel mit großen Stabpuppen eingesetzt werden (Bezugsquelle s. Seite 137).

Advent und Weihnachten

Seht, die erste Kerze brennt

Spiellied

T: Rolf Krenzer M: Paul G. Walter

Das erste Kind kommt mit einer brennenden Kerze. Es kann auch eine Kerze selbst anzünden.

1. Kind:

2. Kind:	*(zündet eine Kerze an der ersten an)* Zündet jetzt die zweite an! Freut euch alle mit daran. Mit des hellen Lichtes Schein zieht die Freude bei uns ein.
1. und 2. Kind:	Seht, die zweite Kerze brennt und wir feiern den Advent.

3. Kind: *(zündet seine Kerze an der zweiten an)*
Seht, drei Kerzen brennen schon.
Gott schickt Jesus, seinen Sohn,
zu uns in die Welt hinein.
Er wird immer bei uns sein.

1., 2. und 3. Kind: Seht, die dritte Kerze brennt
und wir feiern den Advent.

4. Kind: *(zündet seine Kerze an der dritten an)*
Ganz behutsam und zuletzt
zünd' ich an die vierte jetzt.
Macht euch alle nun bereit:
Weihnachten ist nicht mehr weit!

Alle: Seht, die vierte Kerze brennt
und wir feiern den Advent.

Alle Kinder dürfen nun eine Kerze anzünden und vor sich auf ihren Platz stellen. Gemeinsam singen sie:

Kleines Krippenspiel mit vielen Lichtern

Das Spiel lässt sich im Altarraum der Kirche ebenso spielen wie im Gemeindesaal oder im Feierraum des Kindergartens bzw. der Schule.
Die beiden Gasthäuser können auf Pappe gemalt und anschließend ausgeschnitten und aufgestellt oder aufgehängt werden.
Der Stall wird in den beiden ersten Szenen noch von einer Reihe Mitspieler verdeckt. Erst dann, wenn Maria und Josef vor dem Stall stehen, gehen die Kinder auseinander und machen den Weg frei. Der Stall wird deutlich, wenn die Krippe aufgestellt ist, dazu etwas Stroh im Hintergrund und ein Hocker.

Maria und Josef kommen und halten vor der ersten Tür an.

Maria *(oder beide zusammen):*
So ziehen wir
von Tür zu Tür
und bitten: Lasst uns ein!

Josef *(oder beide zusammen):*
Schickt uns nicht fort!
Ein gutes Wort!
Ach, bittet uns herein!

Der Wirt tritt hervor und spricht allein oder zusammen mit den Hausknechten und Mägden:

Nein, nein, nein!
Die Tür bleibt zu.
Lasst uns in Ruh!
Hier könnt ihr nicht herein!

Maria und Josef ziehen weiter und halten vor der zweiten Tür an.

Maria *(oder beide zusammen):*
So ziehen wir
von Tür zu Tür
und bitten: Lasst uns ein!

Josef *(oder beide zusammen):*
Schickt uns nicht fort!
Ein gutes Wort!
Ach, bittet uns herein!

Der Wirt tritt hervor und spricht allein oder zusammen mit den Hausknechten und Mägden:

Nein, nein, nein!
Die Tür bleibt zu.
Lasst uns in Ruh!
Hier könnt ihr nicht herein!

Traurig ziehen Maria und Josef weiter und halten schließlich bei den Kindern, die vor dem Stall stehen und ihn noch verdecken.

Maria *(oder beide zusammen):*
So ziehen wir
von Tür zu Tür
und keiner lässt uns ein!

Josef *(oder beide zusammen):*
Ein alter Stall
so eng und schmal
muss unsere Wohnung sein.

Die Kinder gehen nach beiden Seiten etwas auseinander, damit Maria und Josef durch die schmale Gasse in den Stall hineingehen können. Josef führt Maria in den Stall.

Stallkinder: Kommt nur herein
und tretet ein,
denn hier wird heute Nacht
ein Wunder wahr,
so wunderbar,
das alle glücklich macht.

Musik erklingt: Die Melodie des folgenden Liedes wird von einem oder mehreren Instrumenten gespielt oder von allen Kindern gesummt.
Dann treten die Kinder, die bisher den Stall verdeckt haben, auseinander und bilden einen großen Halbkreis. Alle tragen eine noch nicht angezündete Kerze in der Hand. In der Mitte steht die Krippe mit dem Kind, Maria sitzt dabei, Josef steht dahinter. Vor der Krippe steht ein Hocker mit einer brennenden Kerze.
Ein Kind beginnt die Melodie des Liedes zu summen. Es geht auf ein Kind im Kreis zu, nimmt es an der Hand und führt es zu der brennenden Kerze in der Mitte. Gemeinsam zünden sie eine neue Kerze an. Dann stellen sie die brennende Kerze bei der ersten Kerze ab.

Das Kind, das begonnen hat, gibt dem Kind, das es geholt hat, nun eine noch nicht angezündete Kerze und setzt sich in die Mitte des Kreises auf den Boden vor die beiden brennenden Kerzen.
Das zweite Kind geht nun auf ein anderes zu, nimmt es an der Hand, führt es in den Kreis und zündet mit ihm gemeinsam eine dritte Kerze an. Immer mehr Kerzen kommen in der Mitte des Kreises hinzu und immer mehr Kinder finden sich in der Mitte des Kreises ein. Je mehr Kinder in der Mitte sitzen, um so lauter wird das Summen. Zum Schluss singen wir das Lied gemeinsam als Rundgesang, vielleicht sogar als Kanon, wobei der Einsatz nach jedem Takt möglich ist.
Während des Singens stehen wir auf, fassen uns an den Händen und gehen um die brennenden Kerzen herum.

Leuchten wieder Kerzen

T: Rolf Krenzer M: Siegfried Fietz

Kleiner Stern am Himmel

Ein kleines Weihnachtsspiel

Ein Kind mit einer Sternenkrone steht auf einem erhöhten Platz und stellt den Stern dar. Im Chor wird es gefragt und gibt allein oder gemeinsam mit einem kleinen zweiten Chor Antwort.
Dazu werden die einzelnen Szenen dargestellt:

1. Der kleine Stern am Himmel.
2. Die drei Könige ziehen zur Krippe.
3. Die drei Könige knien im Stall vor dem Kind in der Krippe.

Das Lied ist so elementar und einfach, dass es bereits von Kindern im Kindergarten gesungen und über einen langen Zeitraum in der Vorweihnachtszeit immer wieder eingesetzt werden kann.
Es eignet sich ebenso für den Gottesdienst mit Kindern.

Kleiner Stern am Himmel

T: Rolf Krenzer M: Siegfried Fietz

2. Kind:	Kleiner Stern dort droben, ist es bei dir schön?
Stern:	Ich hab von hier oben so viel schon gesehn.
Kind und Stern:	*Refrain:* Sternenschein ...
3. Kind:	Kleiner Stern am Himmel, was hast du gesehn?
Stern:	Sah drei edle Herren zu der Krippe gehn.
Kind und Stern:	*Refrain:* Sternenschein ...
4. Kind:	Wer lag in der Krippe? Sag es mir geschwind!
Stern:	In dem Stroh der Krippe lag das Jesuskind.
Kind und Stern:	*Refrain:* Sternenschein ...
5. Kind:	Könige der Erde kamen, es zu sehn.
Stern:	Knieten vor ihm nieder. So ist es geschehn!
Kind und Stern:	*Refrain:* Sternenschein ...
6. Kind:	Kleiner Stern am Himmel, du bist so gescheit!
Stern:	Stand schon hier am Himmel vor so langer Zeit.
Kind und Stern:	*Refrain:* Sternenschein ...

Der weite Weg zur Krippe

Inhalt:
Die Weisen folgen dem Stern und fragen überall in Betlehem nach dem König der Welt. Zum Schluss finden sie Maria und Josef und das Kind in der Krippe. Da fordern sie alle auf, mit zum Heiland der Welt zu kommen.

Es spielen mit:
Sprecher/in (oder mehrere), die drei Könige (es können auch mehr sein, Prinzen, Gefolge, Kamele usw.), Maria, Josef, das Kind in der Krippe, Ochs und Esel, Schäfchen ... und viele Leute, die in Betlehem wohnen, z. B. der Koch, der Bäcker, der Goldschmied, der Kaufmann, der Bote, der Wirt.

Alle Rollen können von Jungen und Mädchen dargestellt werden, z. B. Köchin, Bäckerin, Botin, Wirtin, Kauffrau.

Spielmöglichkeiten:
Kreisspiel, Spiel im Halbkreis, Spiel auf der Bühne, im Raum, im Gottesdienst, auch als Menschenschattenspiel.

Bühnenbild:
Krippe: umgekippter Tisch, Wolldecke, oder richtige Krippe, Stall angedeutet, Hocker oder Stühle, auf denen Maria und Josef sitzen, im Hintergrund mitten auf der Bühne.
Die einzelnen Berufe werden durch berufstypische Kleidung angedeutet. Die Spieler sitzen im Kreis oder stehen hinter einem Tisch, auf dem ihr jeweiliges Berufswerkzeug liegt, bzw. ihre Erzeugnisse, z. B. Brötchen, Brot beim Bäcker. Es können auch große Bilder gemalt werden, die jeweils von zwei Mitspielern hinter den betreffenden Spielern hochgehalten werden, z. B. ein großes Regal mit Töpfen und Schüsseln hinter dem Koch, ein Gasthaus hinter dem Wirt. Auch große Wandbilder können gestaltet werden, die den jeweiligen Schauplatz darstellen und vor die sich dann der betreffende Spieler postiert. Über dem Stall wird ein großer Stern befestigt.

Requisiten und Kostüme:

Könige:	Bunte Tücher, Bademäntel, Kronen, Turban usw. Geschenke für das Kind. Vor den Königen kann auch ein Prinz gehen, der einen gebastelten Stern an einem langen Stock trägt.
Josef:	Mantel, Hut, Stock.
Maria:	Normale Kleidung oder Kopftuch, langes Kleid.
Kind in der Krippe:	Es liegt unter der Wolldecke, so dass man nur seinen Oberkörper und sein Gesicht sehen kann.
Ochse:	Ohren und Hörner aus Pappe an einem Pappe-Stirnreif befestigt. Schwanz.
Esel:	Lange Ohren an einem Stirnreif befestigt. Schwanz.
Kamele:	Wolldecken übergehängt, bunte Stirnreifen, eventuell Kissen als Höcker.
Schäfchen:	Gelbe oder braune Frottee-Handtücher umgehängt.
Koch:	Hohe Kochmütze, weiße Schürze, Kochtopf, Kochlöffel.
Bäcker:	Bäckermütze, weiße Kleidung, Backwaren usw.
Bote:	Umhängetasche für Briefe.
Goldschmied:	Arbeitsanzug, Kronen, Armbänder, Ringe usw. aus Goldpapier.
Kaufmann:	Normale Kleidung; Waren, die verkauft werden können.
Wirt:	Serviertuch über dem Arm usw.

Noten und Texte:
Zwei Lieder, die schnell von allen mitgesungen werden können und immer wieder eingesetzt werden, können mit allen möglichen Melodie- und Rhythmus-Instrumenten begleitet werden. Sie können auch von allen Spielern ohne Begleitung gesungen werden. Die Refrains beider Lieder können von der ganzen Gemeinde bzw. den Zuschauern mitgesungen werden.

Lied 1

Hier kommen die Könige

T und M: Rolf Krenzer

2. Wir sind die drei Könige.
Wir folgen Gottes Stern.
Wir kommen und fragen euch:
Wo finden wir den Herrn?

3. Ich bin König Balthasar.
Mein Weg war lang und weit.
Ach helft mir und sagt mir doch:
Wisst ihr vielleicht Bescheid?

4. Ich bin König Melchior.
Ach helft mir, dass ich dann
den Weg zu dem Gotteskind
jetzt endlich finden kann.

5. Ich bin König Kaspar.
Seht, hell strahlte Gottes Stern.
Ach helft mir und sagt mir doch:
Wo finde ich den Herrn?

6. Der Stern soll das Zeichen sein.
Er führte uns hierher.
Drum ziehen und ziehen wir
ihm alle hinterher.

7. Hier kommen die Könige.
Sie folgen einem Stern.
Sie gehen von Haus zu Haus
und suchen unsern Herrn.

8. Wir laufen zum Stall hinaus.
Wir folgen ja so gern.
Wir knien vor der Krippe hin
und grüßen unsern Herrn.

Lied 2

Hast du's schon gehört?

T und M: Rolf Krenzer

Beide Lieder können auch unabhängig von diesem Spiel eingesetzt werden.

Spielanregung zu Lied 1:
Die Sternsinger tragen einen Stern aus Pappe oder Stanniolpapier an einem Stock vor sich her. Sie gehen im Kreis herum und fragen bei den ersten beiden Strophen, wo sie den Herrn finden können. Die Kinder zeigen ihnen den Weg und schließen sich ihnen an.

Spielanregung zu Lied 2:
Zuerst geht einer im Kreis zu dem Spiellied herum. Er bleibt vor einem Mitspieler stehen und fragt: »Hast du's schon gehört? Jesus ist geboren!« Darauf sagt der Mitspieler: »Der König der Welt?«
Der erste Spieler: »Komm mit! Wir gehen zum Stall!«
Er gibt ihm die Hand und beide ziehen zu dem Lied im Kreis herum oder durch den Kirchenraum. Ein Spieler nach dem anderen kommt hinzu, so dass am Schluss eine lange Kette gebildet ist. Alle ziehen zu der Krippe und knien vor dem Kind nieder.

Spieltext

Sprecher/in: Als Jesus im Stall geboren ist, erstrahlt hell der Weihnachtsstern. Er strahlt so hell, dass er überall auf der Welt zu sehen ist. Sogar drei Könige in fernen Ländern haben den Stern gesehen. Und diese Könige sind kluge Männer. Sie wissen um das Geheimnis des Weihnachtssterns: Wenn dieser Stern erstrahlt, ist der König der Welt geboren. So geht jeder der Könige los und zieht hinter dem Stern her, um den König der Welt zu suchen. Und eines Tages treffen sich die drei Könige.

Die Könige treten auf. Sie gehen im Kreis herum.

Alle:
Hier kommen die Könige.
Sie folgen einem Stern.
Sie gehen von Haus zu Haus
und suchen ihren Herrn.

Könige:
Wir sind die drei Könige.
Wir folgen Gottes Stern.
Wir kommen und fragen euch:
Wo finden wir den Herrn?

Balthasar: Ich bin König Balthasar.
Mein Weg war lang und weit.
Ach helft mir und sagt mir doch:
Wisst ihr vielleicht Bescheid?

Könige: Wir sind die drei Könige.
Wir folgen Gottes Stern.
Wir kommen und fragen euch:
Wo finden wir den Herrn?

Melchior: Ich bin König Melchior.
Ach helft mir, dass ich dann
den Weg zu dem Gotteskind
jetzt endlich finden kann.

Könige: Wir sind die drei Könige.
Wir folgen Gottes Stern.
Wir kommen und fragen euch:
Wo finden wir den Herrn?

Kaspar: Ich bin König Kaspar.
Seht, hell strahlte Gottes Stern.
Ach helft mir und sagt mir doch:
Wo finde ich den Herrn?

Könige: Wir sind die drei Könige.
Wir folgen Gottes Stern.
Wir kommen und fragen euch:
Wo finden wir den Herrn?

Könige und Gefolge: Der Stern soll das Zeichen sein.
Er führte uns hierher.
Drum ziehen und ziehen wir
ihm alle hinterher.

Alle: Hier kommen die Könige.
Sie folgen einem Stern.
Sie gehen von Haus zu Haus
und suchen unsern Herrn.

Sprecher/in: So ziehen die drei Könige von Land zu Land. So ziehen sie von Stadt zu Stadt. Überall fragen sie nach dem neugeborenen König der Welt. Aber niemand kann ihnen etwas sagen. Niemand weiß etwas davon. So verlassen sie

sich allein auf den Stern und ziehen hinter ihm her. Der Stern zeigt ihnen den Weg.
Sie kommen auch nach Jerusalem. Das ist die Hauptstadt des Landes, in dem der König der Welt wirklich geboren ist. Doch der König, der dort wohnt, weiß nichts davon. Im Schloss jedenfalls ist der König der Welt nicht geboren. Da ziehen sie weiter hinter dem Stern her ... bis nach Betlehem.

Könige: Wir sind die drei Könige.
Wir folgen Gottes Stern.
Wir kommen und fragen euch:
Wo finden wir den Herrn?

Balthasar: Nun sind wir schon so lang gelaufen.
Ich muss mich mal verschnaufen!

Kaspar: So hell erstrahlt des Sternes Schein.
Hier scheint ein kleines Dorf zu sein.

Melchior: Lasst uns hier nach dem König fragen!
Vielleicht kann einer uns was sagen.

Balthasar: Ein Bäckerladen! Riecht das lecker!
Kommt mit! Wir fragen jetzt den Bäcker!

Kaspar: Herr Bäcker, sagt uns, ob ihr wisst,
wo hier der Herr geboren ist.

Bäcker: Was für ein Herr? Wen sucht ihr hier?

Alle: Den Herrn der Welt, den suchen wir!

Bäcker: Da weiß ich nichts! Bin überfragt!
Da hat mir keiner was gesagt.
Und weil mich vieles interessiert,
bin ich auch ziemlich informiert.
Der Koch dort drüben vom Hotel
weiß immer alles extra schnell.
Den solltet ihr vielleicht mal fragen.
Vielleicht kann er euch etwas sagen.

Der Bäcker zeigt den Königen den Weg zum Hotel. Sie singen, während sie weiterziehen.

Könige: Wir sind die drei Könige.
Wir folgen Gottes Stern.

Könige und Gefolge: Wir kommen und fragen euch:
Wo finden wir den Herrn?

Melchior: Hallo, Herr Koch! Hallo, Herr Koch!

Koch: Was wollt ihr hier so spät denn noch?
Fragt ja nicht hier nach Zimmern nach.
Das Haus ist voll bis unters Dach!

Melchior: Herr Koch, ach sagt uns, ob ihr wisst,
ob hier der Herr geboren ist.

Koch: Was für ein Herr? Wen sucht ihr hier?

Alle: Den Herrn der Welt, den suchen wir!

Koch: Da weiß ich nichts! Es tut mir leid.
Und ich weiß sonst so gut Bescheid.
Ihr solltet dort den Boten fragen!
Vielleicht kann der euch etwas sagen!

Der Koch macht die Könige auf den Boten aufmerksam, der noch weit entfernt ist. Die Könige singen, während sie auf den Boten zugehen.

Könige: Wir sind die drei Könige.
Wir folgen Gottes Stern.

Könige und Gefolge: Wir kommen und fragen euch:
Wo finden wir den Herrn?

Bote: O seht, da kommen feine Leute!
Sie singen und sind fröhlich heute.
Die will ich aus der Nähe sehn!
Hallo, ihr Leute, bleibt doch stehn!
Ihr seid mir äußerst angenehm!
Was sucht ihr denn in Betlehem?

Könige: Wir sind die drei Könige.
Wir folgen Gottes Stern.

Könige und Gefolge: Wir kommen und fragen euch:
Wo finden wir den Herrn?

Bote: Das Lied gefällt mir. Und der Stern
gefällt mir auch. Den mag ich gern!
Doch sonst habe ich nichts vernommen
und bin bestimmt viel rumgekommen,
bin auf den Beinen schon seit acht,
hab Post und Nachricht überbracht,
hab sogar Päckchen ausgetragen.
Doch leider kann ich euch nichts sagen.
Ihr solltet mal den Kaufmann fragen!
Vielleicht kann der euch etwas sagen.

Der Bote zeigt den Königen den Weg zum Kaufmann.

Könige: Wir sind die drei Könige.
Wir folgen Gottes Stern.

Könige und Gefolge: Wir kommen und fragen euch:
Wo finden wir den Herrn?

Melchior: Herr Kaufmann, sagt uns, ob ihr wisst,
ob hier der Herr geboren ist.

Kaufmann: Schaut her, Tomaten saftig rot
sind heut im Sonderangebot!
Herabgesetzt sind Milch und Reis.
Wie wär's mit einem Himbeereis?
Wie bitte? Kommen Sie ins Haus
und suchen Sie in Ruhe aus!

Balthasar: Hört zu und lasst mich's noch mal sagen:
Wir kommen her, um euch zu fragen,
ob ihr von einem König wisst,
der hier im Ort geboren ist.

Kaspar: Wir folgten diesem hellen Stern
und suchen hier jetzt unsern Herrn.

Kaufmann: Ein König, sagt ihr? Leider, leider!
Da weiß ich nichts! Doch geht jetzt weiter
und bleibt dort vor dem Laden stehn.
Dort werdet ihr den Goldschmied sehn.
Nur Reiche können bei ihm kaufen.
Drum solltet ihr zum Goldschmied laufen
und ihn nach eurem König fragen.
Wenn er was weiß, wird er's euch sagen!

Der Kaufmann zeigt den Königen den Weg zum Goldschmied.

Könige: Wir sind die drei Könige.
Wir folgen Gottes Stern.

Könige und Gefolge: Wir kommen und fragen euch:
Wo finden wir den Herrn?

Goldschmied: So edle Herrn! So feine Herrn!
Kommt, tretet ein! Ich zeig euch gern
die schönsten Ketten, Kronen, Ringe ...
aus Gold und Silber alle Dinge.

Melchior: Sagt, ob ihr von dem König wisst,
der hier im Ort geboren ist.

Goldschmied: Ein König hier in Betlehem?
Den gibt's nur in Jerusalem.
Wenn hier ein König angekommen,
dann hätt' ich es bestimmt vernommen.
Ihr solltet dort im Gasthaus fragen.
Vielleicht kann euch der Wirt was sagen!

Der Goldschmied zeigt den Königen den Weg zum Gasthaus.

Könige: Wir sind die drei Könige.
Wir folgen Gottes Stern.

Könige und Gefolge: Wir kommen und fragen euch:
Wo finden wir den Herrn?

Kaspar: Hallo, Herr Wirt!

Wirt: Ich bin schon hier!
So feine Herrn vor meiner Tür!
Herzlich willkommen! Tretet ein!
Ich will euch gern zu Diensten sein!

Melchior: Herr Wirt, ach sagt uns, ob ihr wisst,
wo hier der Herr geboren ist.

Wirt: Was für ein Herr? Wen sucht ihr hier?

Alle: Den Herrn der Welt, den suchen wir.

Wirt: In meinem Haus? Das kann nicht sein!

Balthasar: Doch, er muss hier geboren sein!

Bestimmt nicht in Jerusalem.
Der Stern steht über Betlehem!

Kaspar: Wir folgten diesem hellen Stern
und suchen hier jetzt unsern Herrn!

Wirt: In meinem Haus? Das kann nicht sein!
Doch halt! Da fällt mir etwas ein:
Ja, eine Frau und auch ein Mann,
die klopften spät am Abend an.
Mein Haus war voll bis unters Dach.
Sie waren arm. Die Frau war schwach.
Sie sollte bald ein Kind bekommen ...
Ich hätte sie gern aufgenommen,
doch jedes Zimmer war besetzt.
Sie tat mir Leid. Zu guter Letzt
bot ich der Frau und diesem Mann
den alten Stall dort hinten an.
Sie gingen in den Stall hinein.
Dort werden sie wohl auch noch sein.
Die arme Frau, der arme Mann ...

Melchior: Seht dort! Der Stern! Seht ihn euch an!
Dort überm Stall steht jetzt der Stern.
Im Stall, dort finden wir den Herrn!

Balthasar: Was wartet ihr? Bleibt doch nicht stehn!
Lasst uns zu unserm König gehn!

Die Könige machen sich auf den Weg zum Stall. Sie finden das Kind in der Krippe.

Alle: Wir laufen zum Stall hinaus.
Wir folgen ja so gern.
Wir knien vor der Krippe hin
und grüßen unsern Herrn.

Der Stern soll das Zeichen sein.
Wir ziehen hinterher.
So ziehen und ziehen wir
und werden immer mehr.

Maria: Kommt herein!
Hier findet ihr das Kind!
Hier liegt das Kind in der Krippe.

Josef: Tretet ein!
Seid uns willkommen!

Sprecher/in: So finden die Könige den König der Welt.
Er liegt in der Krippe im Stall.
Der Esel ruft: Iah!
Der Ochse brüllt: Muh!
Und die Schäfchen blöken: Mäh!

Die Tiere machen sich mit ihren Stimmen bemerkbar. – Die Könige knien nieder und beten das Kind an. Sie übergeben auch ihre Geschenke.

Sprecher/in: Hier im Stall ist Jesus geboren,
Gottes Sohn,
der König des Himmels und der Welt.

Sprecher/in stimmt das 2. Lied an, in das nach und nach alle einstimmen:

Hast du's schon gehört?
Hat man's dir erzählt?
In dem kleinen Stall
ist geborn der Herr der Welt.
Bleib nicht länger stehn!
Willst du mit mir gehn,
in dem kleinen Stall
unsern König anzusehn?

Komm und gib mir deine Hand,
komm und gehe mit!
Schenk etwas, wenn du was hast,
und sing dem Herrn ein Lied!

Sprecher/in geht nacheinander zu allen, die mit den Königen gesprochen haben, und berichtet ihnen, dass im Stall der König der Welt zu finden ist.

Sprecher/in: Es ist wirklich wahr! Der König der Welt wurde im Stall geboren. Willst du mit mir kommen?

Während der nächsten Strophe folgen die Leute dem/der Sprecher/in. Jeder zeigt ein Geschenk, das er mitbringen will, der Koch eine Terrine mit Suppe, der Kaufmann Milch und Butter, der Bäcker Brötchen oder Plätzchen usw.

Freust du dich so sehr,
ruf die andern her!
Gehn wir all' zusammen,
dann werden's immer mehr!

Jeder soll es sehn,
dass wir zu ihm gehn,
denn das Kind im Stall,
das ist Christus, unser Herr.

Komm und gib mir deine Hand,
komm und gehe mit!
Schenk etwas, wenn du was hast,
und sing dem Herrn ein Lied!

Sprecher/in wendet sich nun an die Gottesdienstbesucher oder die, die bisher nur zugeschaut haben, und fragt, ob sie zur Krippe mitkommen wollen. Alle kommen mit und bilden eine lange Kette und ziehen dann gemeinsam zur Krippe. Dazu wird das Lied »Hast du's schon gehört?« von allen gesungen (s. S. 126).

Alphabetisches Verzeichnis der Lieder

1. Der Zirkus Fantasie
2. Die Nomaden müssen wandern
3. Die Tiere leben so
4. Ein Brunnen in der Wüste
5. Ein bunter Regenbogen
6. Einst herrscht' in Myra Hungersnot
7. Es fährt ein Schiff nach Myra
8. Es geht ein Weinen um die Welt
9. Es stehen viele Sterne
10. Geh an meiner Seite, du!
11. Hast du's schon gehört?
12. Hello und Grüezi
13. Hier kommen die Könige
14. Karawanensong
15. Kleiner Stern am Himmel
16. Lasst uns die Hände geben
17. Leuchten wieder Kerzen
18. Mach mit, bei uns erlebst du was!
19. Macht mit bei unserm Lied!
20. Maria hat ihren Sohn verloren
21. Martin und der Bettler
22. Seht, die erste Kerze brennt
23. Seht, was wir geerntet haben
24. Seid behutsam, Leute!
25. Shalom
26. So wiegen die Wellen das Boot
27. Teilt der eine mit dem andern
28. Träum ich manchmal vor mich hin
29. Unser Freund heißt Jesus Christ
30. Von der Ronja woll'n wir singen
31. Wenn der alte Jakob schafft
32. Wenn ich bei Desta wär'
33. Wenn unsere Kirche Geburtstag hat
34. Wir reisen um die Welt

Quellennachweis und Bezugsquellen

Lied-Nummern siehe alphabetisches Verzeichnis Seite 136

Lied Nr. 1, 3 aus: »Für das Leben wollen wir singen«, 1987;
Lied Nr. 2, 9 aus: »Auf geht's, Abraham«, 1995;
Lied Nr. 4, 19 aus: »Gott zieht vor uns her«, 1990;
Lied Nr. 5 aus: »Kommt alle und seid froh«, 1982;
Lied Nr. 10, 25, 27, 30, 32 aus: »Tag für Tag und Jahr für Jahr«, 1996;
Lied Nr. 12, 18 aus: »Ein kleiner Spatz von irgendwo«, 1992;
Lied Nr. 14, 31 aus: »Josef zwischen Wohlstaat und Armewelt«, 1980;
Lied Nr. 24, 33 aus: »Ich schenk dir einen Sonnenstrahl«, 1985;
Lied Nr. 26 aus: »Bye, bye, Jona«, 1992;
Lied Nr. 28 aus: »Obed«, 1993;
Lied Nr. 34 (bisher unveröffentlicht);
Peter Janssens Musik Verlag, Warendorfer Str. 1, 48291 Telgte.

Lied Nr. 6, 17, 21 aus: »Leuchte, leuchte, Weihnachtsstern«, Nr. 083;
Lied Nr. 15 aus: »Ich freu mich auf die Weihnachtszeit«, Nr. 120.
ABAKUS Musik Barbara Fietz, Haversbach 1, 35753 Greifenstein.

Lied Nr. 7 aus: »Willkommen, lieber Nikolaus!«, 1998;
Lahn-Verlag, Jahnstraße 2a, 65550 Limburg.

Lied Nr. 8, 16, 20 aus: »Auf einmal ist der Frühling da«;
Verlag Ernst Kaufmann, Lahr.

Lied Nr. 22 aus: »Nun zünden wir die Kerzen an«;
Musikbär Verlag, Eichenweg 15, 69198 Schriesheim.

Lied Nr. 29 aus: Rolf Krenzer »100 einfache Lieder Religion«;
Verlag Ernst Kaufmann, Lahr, Kösel Verlag, München.

Notizen zu den Theaterstücken

Notizen zu den Theaterstücken

Werkbücher von Rolf Krenzer

Von Gott will ich erzählen
Das große Werkbuch zum Alten Testament
für Kindergarten und Grundschule.
364 Seiten, 93 Lieder mit Noten.
ISBN 3-7840-3102-1

Von Jesus will ich euch erzählen
Das große Werkbuch zum Neuen Testament
für Kindergarten und Grundschule.
328 Seiten, 67 Lieder mit Noten.
ISBN 3-7840-3073-4

Wir danken für die Ernte
Werkbuch für Kindergarten, Grundschule
und Gottesdienst.
180 Seiten, 58 Lieder mit Noten.
ISBN 3-7840-3121-8

Tag für Tag und Jahr für Jahr
Großes Werkbuch für Kindergarten
und Schule.
378 Seiten, 46 Lieder mit Noten.
ISBN 3-7840-3128-5

Martin, Martin, guter Mann!
Werkbuch für Kindergarten, Schule
und Gottesdienst.
179 Seiten, 23 Lieder mit Noten.
ISBN 3-7840-3150-1

Willkommen, lieber Nikolaus!
Großes Werkbuch für Kindergarten,
Schule und Gottesdienst.
200 Seiten, 26 Lieder mit Noten.
ISBN 3-7840-3164-1

Liederbücher von Rolf Krenzer

Gottes guter Segen
201 religiöse Lieder für Kindergarten,
Schule und Gottesdienst.
ISBN 3-7840-3118-8

Das große Liederbuch
135 religiöse Lieder für Kindergarten,
Schule und Gottesdienst.
ISBN 3-7840-3074-2

Heute wird es wieder schön
Neue Krenzer-Lieder zum Singen,
Spielen und Träumen.
ISBN 3-7840-3127-7

Die Weihnachtsmusikanten
100 neue Advents- und Weihnachtslieder
von Sankt Martin bis Dreikönige.
ISBN 3-7840-3097-1

Wir warten und warten
Geschichten und Lieder für den Advent
in Kindergarten und Schule.
ISBN 3-7840-3138-2

Mit uns erlebst du was!
Spiel- und Tanzlieder für Kindergarten
und Grundschule.
ISBN 3-7840-3156-0

Lahn-Verlag · Postfach 1562 · D-65535 Limburg